読んで分かる
中世鎌倉年表

監修　樋口州男・錦 昭江

かまくら春秋社

読んで分かる

中世鎌倉年表

読んで分かる　中世鎌倉年表　目次

第二部　鎌倉公方の盛衰――73
第二部の概要――74
第一章　鎌倉公方の誕生――76
第二章　後北条氏の盛衰――95
〔資料編〕
関連系図　110
主要出典解題　113
索引　142

本文執筆（執筆順）

樋口州男（中世史研究家）
村岡　薫（拓殖大学教授）
田辺　旬（東京都立桐ヶ丘高校教諭）
錦　昭江（鎌倉女学院中学高等学校副校長）
田中奈保（早稲田大学大学院博士後期課程）
新井信子（中世史研究家）

凡例

・本書は、中世鎌倉で起こった事項を中心に、叙述形式で西暦一一八〇～一五九〇年までを時系列に一九四項目にまとめ記述する。
・年代は原則として和暦で表示し、適宜西暦を補った。ただし、本文下欄脚注内の人物生没年については、西暦表示を原則とした。
・本文各項目見出しの元号について、改元があった年は、原則として新元号での表記に統一した。
・本文は原則として常用漢字および現代仮名遣いを用い、人名および固有名詞は、原則として慣用の呼称で統一した。よみがなについて複数説ある場合（　）で補った。
・引用文については詩歌などについては歴史的仮名遣いに、散文は原則として現代仮名遣いとした。
・いくつかの説が伝えられる事項については、原則的により一般的と思われる説を紹介した。しかし、それは、その他の解釈や説明を必ずしも否定するものではない。
・歴史的地名については、適宜（　）で現在の地名を補った。
・各項目の出典は項目末尾に（　）で補い、詳しい解説は巻末に「主要出典解題」としてまとめた。
・主要な項目について巻末に五〇音順で索引をつけた。
・寺社名表記については、「神奈川県宗教法人名簿」に準じた。

装　幀　林　琢真（Deco design）
カバー写真　沃懸地杏葉螺鈿太刀（国宝・鶴岡八幡宮蔵）

第一部

鎌倉幕府の興亡

第一部の概要

第一部は、伊豆国の流人源頼朝《みなもとのよりとも》が挙兵直後の劣勢を挽回し、鎌倉入りを果たした治承四年（一一八〇）一〇月から、約一五〇年後、足利尊氏《たかうじ》の弟直義《ただよし》が後醍醐《ごだいご》天皇の皇子成良親王《なりよししんのう》を奉じて下向した元弘三年（一三三三）一二月までを収める。まさに鎌倉幕府の成立から滅亡に至る、鎌倉が武家政権の本拠地であった時期にあたっている。

この間、鎌倉を舞台にどのような歴史が繰りひろげられたか。まず政治面では、比企《ひき》氏の乱・和田合戦・宮騒動《みやそうどう》・宝治《ほうじ》合戦・霜月《しもつき》騒動などといった合戦や政争が注目される。ふつう鎌倉幕府の政治体制は、頼朝を典型とする将軍独裁政治→法治主義（御成敗式目制定）と合議制（評定衆の設置）にもとづく執権政治→得宗《とくそう》（徳崇）すなわち北条氏嫡流の当主による得宗専制政治の三段階に区分されているが、年表中の合戦や政争の背景には、こうした政治体制の変遷があった。また京都・九州を戦場とした承久の乱や蒙古襲来が、鎌倉に及ぼした影響なども、当然のことながら見逃すことはできない。

武家政権の本拠地である鎌倉は、御家人を中心に商人らの庶民も集住するようになったことから、中世の代表的都市として発展した。その様子は、京都から鎌倉を訪れた人々の紀行文にも見えるが、より興味深いのは、鎌倉の市政に関する法令である。年表中、商人増加のために商業活動の場を限定した建長三年（一二五一）の通達をはじめ、仁治元年（一二四〇）などに出された禁令が参考となる。

新興都市鎌倉には多くの文化が流入したが、なかでも、いわゆる鎌倉新・旧仏教の進出は著しいものがあった。新仏教では臨済宗（禅宗）の栄西《ようさい(えいさい)》や日蓮宗（法華宗）の日蓮《にちれん》、旧仏教では律宗の叡尊《えいそん》・忍性《にんしょう》らの活躍がよく知られている。このうち栄西は二度も入宋して、中国禅院で学んでいるが、一方、中国から来日し、わが国の仏教の発展に貢献した僧も少なくない。円覚寺の開山無学祖元《むがくそげん》もその一人で、同寺に伝わる史料「仏日庵公物目録」には、頂相《ちんぞう》（禅宗の高僧を描いた肖像画）をはじめ、さまざまな中国渡来の品々が列記されている。なお日中交流といえば、三代執権北条泰時の時に築かれた、鎌倉の海の玄関といわれる和賀江嶋《わかえのしま(わがえじま)》が注目される。当時の紀行文によると、港には「数百艘《そう》」の舟がつながれ、「千万宇」の家々が軒を並べていたという。

最後に、この時期、鎌倉の人々がきびしい生活環境のもとにおかれていたことについて触れておかねばならない。文応元年（一二六〇）、日蓮が著した『立正安国論《りっしょうあんこくろん》』の冒頭には、「近年から近日に至るまで、天変地異・飢饉疫病があまねく天下に満ち、広く地上にはびこっている。牛馬は巷《ちまた》にたおれ、骸骨は道路にあふれている。死にとりつかれたものは、すでに世の大半をこえ、これを悲しまないものは誰一人としてない」と見えるが、これは決して誇張された表現ではなかった。実際、鎌倉はたびたび、火災・大風雨・異常気象などの災害や飢饉に見舞われていたのである。

（樋口州男）

第一章

頼朝の鎌倉入り

1 治承四年（一一八〇）一〇月七日

源頼朝《みなもとのよりとも》、鎌倉に入り、*由比《ゆい》の*鶴岡八幡宮《つるがおかはちまんぐう》を遥拝する。その後、亡父*義朝《よしとも》の旧蹟亀谷《かめがやつ》（扇ガ谷《おうぎがやつ》）におもむくも土地せまく、新邸造営を断念。この年八月、伊豆に挙兵後、石橋山《いしばしやま》の戦で敗れた頼朝は安房《あわ》に逃れ、房総半島を北上、武蔵国をへて、前日、相模に到着していたもの。要害にして源氏ゆかりの地鎌倉を根拠地とするように頼朝に進言したのは千葉常胤《ちばつねたね》。四日後、妻政子も鎌倉に入る。（吾妻鏡《あずまかがみ》）

2 治承四年（一一八〇）一〇月一二日

源頼朝、鶴岡八幡宮（若宮）を由比から小林郷北山（鎌倉市雪ノ下付近）に移す。翌年五月、本格的に造営を開始し、七月には武蔵国浅草の大工を召している。由比の八幡宮は、かつて源頼義《よりよし》が石清水《いわしみず》八幡宮（京都府）を勧請《かんじょう》、創建し、その子義家《よしいえ》が修復したと伝える。（吾妻鏡）

補1　康平六年（一〇六三）八月

前年、奥州における安倍《あべ》氏の反乱（前九年合戦）を平定した源頼義が由比郷に石清水八幡宮を勧請し、鶴岡八幡宮（若宮）を建立する。

頼義は長元元年（一〇二八）、父頼信《よりのぶ》とともに平忠常《ただつね》の乱を平定した

頼朝鎌倉入りの日付
一〇月六日説もあるが、ここでは『鎌倉市史・総説編』『神奈川県史・年表』にしたがって一〇月七日で掲出した。

鶴岡八幡宮
2・補1参照。

源義朝
（一一二三～一一六〇）平安時代末期の武将。源頼朝の父。保元の乱で後白河天皇方につき、平清盛とともに勝利に貢献した。その後の平治の乱では清盛に敗れ、翌年、尾張で謀殺された。義朝の邸宅跡に、後に北条政子が寿福寺を建立したとされる。11・補2参照。

ことから、当時、鎌倉にいた平直方《なおかた》(平将門《まさかど》を討った貞盛《さだもり》流の平氏)の女婿に迎えられ、子の義家誕生により、鎌倉を譲られていたもの。なお義家も、永保元年(一〇八一)二月に八幡宮を修復する。

(吾妻鏡、陸奥話記《むつわき》、詞林采葉抄《しりんさいようしょう》)

3 治承四年(一一八〇)一二月一二日

源頼朝が完成した大倉郷(二階堂・西御門《にしみかど》・雪ノ下付近)の新邸に移り、東国武士たちによって、「鎌倉の主《ぬし》」に推戴《すいたい》される。この日、新邸に出仕した御家人は、前月に設置された*侍所《さむらいどころ》の別当《べっとう》*和田義盛《わだよしもり》ら三一一人。頼朝は一〇月から一一月にかけて、駿河《するが》富士川の戦で平氏軍を敗走させ、ついで常陸《ひたち》の佐竹《さたけ》氏を攻略したのち、鎌倉に帰っていた。

(吾妻鏡)

4 寿永元年(一一八二)三月一五日

源頼朝が妻政子《まさこ》の安産を願い、鶴岡八幡宮社頭から由比浦まで一直線の参道(*若宮大路《わかみやおおじ》)をつくる。頼朝自身がこれを指揮し、北条時政《ときまさ》以下の人々も土石を運んだという。政子、五ヶ月後に男子(源頼家)を出産する。

(吾妻鏡)

侍所
鎌倉殿(将軍)と主従関係を結んだ御家人の統轄と軍事・警察を担当。長官を別当という。

和田義盛
(一一四七〜一二一三)鎌倉幕府初代の侍所別当。平氏追討や奥州《おうしゅう》合戦に参加し、源頼朝に信頼された。北条氏排斥《はいせき》計画に参加した子と甥に対する処罰に憤り、二代執権北条義時打倒を目指して挙兵するが敗れ、一族は滅亡。江ノ電和田塚駅近くに和田一族の墓と伝えられる、和田塚がある。41・42参照。

若宮大路
鶴岡八幡宮からまっすぐに由比ヶ浜まで約一・八キロメートルにわたって延びる参道。「鶴岡八幡宮寺社務職次第」(『群書類従』4補任部)に、この時、「置路《おきみち》」すなわち段葛《だんかずら》(中央の盛り土された一段高い道)を造成したと見える。

5 寿永二年（一一八三）閏《うるう》一〇月五日

源頼朝が源（木曽）義仲《よしなか》を討つため、「鎌倉城*」を出立する。京都において義仲と対立を深めていた後白河法皇の要請に応じたもの。しかし、この上洛は途中で中止となり、かわって源義経《よしつね》*が京都へ向かうことになる。なお、法皇は去る一〇月、東海・東山両道（東国）に対する頼朝の支配権を認めている。（玉葉《ぎょくよう》）

6 元暦元年（一一八四）二月一五日

源頼朝の弟で平氏追討の大将軍範頼《のりより》*、義経らの飛脚*が鎌倉に到着し、この月七日に平氏軍を破った摂津一ノ谷《いちのたに》の合戦記録を献上する。二ヶ月後、一ノ谷で生け捕りになった平重衡《しげひら》*が鎌倉に着く。頼朝は、工藤祐経《くどうすけつね》・千《せん》手前《じゅのまえ》*らを遣わして重衡を慰める。（吾妻鏡）

鎌倉城
この呼称は、「鎌倉＝要害の地」というイメージによるものとして注目されている。

源義経
（一一五九〜一一八九）兄頼朝と平氏を討つが、後に対立。逃れた平泉で藤原泰衡に急襲され自害。その悲劇は人々の同情を引き、弱者に声援を送る「判官贔屓《ほうがんびいき》」という言葉がつくられた。
10・17参照。

源範頼
24参照。

飛脚
9参照。

平重衡
（一一五七〜一一八五）平清盛の五男。治承四年（一一八〇）一二月の南都焼き討ちの責任者として有名。このため鎌倉下向の翌年、奈良に送られ、木津川のほとりで斬られた。

7 元暦元年（一一八四）四月二一日

去る一月に近江国で討たれた木曽義仲の子*義高《よしたか》（志水冠者《しみずのかじゃ》）が鎌倉を脱出する。義高の婚約者で頼朝の長女大姫《おおひめ》が逃がしたという。五日後、義高は武蔵入間河原《いるまがわら》で殺害され、大姫は嘆きのあまり飲食を断つことになる。

（吾妻鏡）

8 元暦元年（一一八四）一〇月六日

*大江《おおえ》（中原《なかはら》）広元《ひろもと》を別当として、一般政務・財政事務にあたる公文所《くもんじょ》（のち政所《まんどころ》の一部局）が開設される。またこの月二〇日には三善康信《みよしやすのぶ》に命じて裁判事務を担当する問注所《もんちゅうじょ》も設置されることになる。広元・康信のいずれも京都から下向した実務官僚。広元は兄弟とされる中原親能《ちかよし》が頼朝の側近、康信は母が頼朝の乳母の妹という関係にあった。

（吾妻鏡）

千手前
（一一六五～一一八八）『吾妻鏡』は官女、また北条政子づきの女房とし、重衡への思慕が積み重なったためか、重衡の死後三年目に死去したと記す。なお『平家物語』は駿河国手越《てごし》の宿《しゅく》（静岡市）の長者の娘とする。

木曽義高
（一一七三～一一八四）木曽義仲の長子。義高は、常楽寺（鎌倉市大船）の裏山に葬られ、現在そこに墓石と碑が建っている。

大江（中原）広元
（一一四八～一二二五）式部少輔《しきぶのしょうゆう》大江《おおえの》維光《これみつ》の子。源頼朝の招きにより、元暦元年（一一八四）、鎌倉に下向。鎌倉幕府の公文所・政所別当となり、頼朝の政務全般を補佐し、信頼を得る。頼朝死後も北条氏に協力し鎌倉幕府の基礎を固めた。

9 文治元年（一一八五）四月一一日

西海からの飛脚*が到着し、前月二四日の長門国《ながと》（山口県）壇ノ浦《だんのうら》における合戦で、平氏が滅亡したことを報告する。また合戦の様子、安徳天皇の入水《じゅすい》、平氏一門の入水者・生け捕りになった人々などに関する源義経からの合戦記録も届く。なお前月八日にも義経からの飛脚が、二月に行われた讃岐国（香川県）屋島《やしま》の合戦の勝利を報じてきている。

（吾妻鏡）

10 文治元年（一一八五）五月二四日

源義経が鎌倉入りを許されないため、腰越駅《こしごえ》から大江広元に対し、兄頼朝へのとりなしを依頼する書状（腰越状*）を送る。去る一五日、敵将平宗盛《むねもり》父子を護送して酒勾駅《さかわ》（小田原市）まできた義経は、そこで父子の身柄引き渡しを求められ、自身は不義の噂があるとして鎌倉入りをとどめられていたもの。結局、義経は、翌月九日、宗盛父子を連れて帰洛し、一〇月には挙兵するも失敗、逃亡生活に入ることになる。

（吾妻鏡）

飛脚
手紙などを運ぶ急使。鎌倉時代に整備され、京都六波羅から鎌倉までを最短七十二時間（馬を使用）で結んだといわれる。

腰越状
鎌倉市腰越にある満福寺には、弁慶筆とされる腰越状の下書きが残されている。また満福寺では義経の首の検分も行われたといわれている。

11

文治元年（一一八五）一〇月二四日

源頼朝の臨席のもと、*勝長寿院《しょうちょうじゅいん》（南御堂）の開堂供養が行われる。勝長寿院は、かつて平治《へいじ》の乱で敗死した父義朝の菩提を弔うために、頼朝が建立したもの。同寺には、京都の獄門《ごくもん》付近で探し出され、去る八月、*文覚《もんがく》上人の弟子たちによって鎌倉へ運ばれてきた義朝の首が埋葬される。

（吾妻鏡）

補2　天養元年（一一四四）九月八日

鎌倉の楯（館）に居住する源義朝の郎従らが、伊勢神宮領大庭御厨《おおばみくりや》（高座郡鵠沼郷。現在の藤沢・茅ヶ崎市）に乱入する。義朝は頼義・義家の子孫で、鎌倉を先祖から伝得していたが、先にも鎌倉郡内だと称して御厨の住人を困らせたという。義朝勢力の御厨侵入に対し、翌年、朝廷は御厨側の言い分を認めることになる。なお大庭御厨は、寛治元年（一〇八七）に平定された、奥州の後三年合戦に源義家に従って出陣した*（平）鎌倉権五郎景政《ごんごろうかげまさ》が、永久年間（一一一三〜一八）にその私領を伊勢神宮に寄進して成立したもの。

（吾妻鏡、天養記《てんようき》）

勝長寿院
室町期に衰退し、廃寺になった。現在、雪ノ下の大御堂に碑が建っている。

勝長寿院跡

文覚上人
（一一三九〜一二〇三）もともと武士だったが、殺《あや》めてしまった女性の供養のため出家し、僧侶となったという。その後配流された伊豆で頼朝に平氏打倒を勧めたといわれる。現在の鎌倉市御堂橋付近に文覚が住んだといわれる文覚上人屋敷跡がある。

（平）鎌倉権五郎景政
（生没年未詳）景正とも記す。父は鎌倉を領有し、鎌倉権守《ごんのかみ》と称した景成。大庭氏・梶原氏の祖。後三年合戦では敵将の矢に右眼（左眼とも）を射ぬか

12 文治元年（一一八五）一一月一二日

源頼朝が大江広元の献策にしたがって、*国ごとに守護、国衙《こくが》・荘園ごとに地頭を設置するように、朝廷へ申請することを決める。翌一一月、頼朝の代官として上洛した北条時政《ほうじょうときまさ》が藤原（吉田）経房《つねふさ》と面会、これを申し入れて勅許《ちょっきょ》を得ることになる。

（吾妻鏡、玉葉）

13 文治二年（一一八六）四月八日

源頼朝・北条政子夫妻が鶴岡八幡宮で、逃亡中の源義経の愛妾*静御前《しずかごぜん》の舞いを観る。静は前月、京都から鎌倉に送られてきていた。工藤祐経《すけつね》が鼓《つづみ》を打ち、畠山重忠《はたやましげただ》が銅拍子《とびょうし》を担当。静は義経を恋い慕う気持ちを歌に託して舞い、頼朝を立腹させたが、かつての自分たち夫妻の身の上を思い出しながらの政子のとりなしで許される。

（吾妻鏡）

14 文治二年（一一八六）八月一五日

源頼朝が鶴岡八幡宮参詣の折に遁世歌人*西行《さいぎょう》（俗名佐藤義清《のりきよ》）と出会う。西行は東大寺再建費用の砂金勧進《かんじん》のために奥州へおもむく途中、同宮に巡

れながらも、ひるむことなく逆に敵将を射倒したというエピソードが伝わる。古くから眼病に効き目があるとされる鎌倉市坂ノ下の御霊《ごりょう》神社は彼を祭神とする。

守護・地頭の設置
近年、建久三年（一一九二）の頼朝征夷大将軍任命ではなく、この守護・地頭の設置をもって鎌倉幕府の成立とする教科書もみられる。

静御前
（生没年未詳）平安後期〜鎌倉時代の白拍子《しらびょうし》。源義経の愛妾。源頼朝に追われた義経と逃げたが、捕らえられ鎌倉に送られた。日本各地に自害の地とされる伝説が残る。

西行
（一一一八〜一一九〇）平安時代末期から鎌倉時代初期の歌人。鳥羽上皇に仕える北面の武士だったが、その後出家して旅を重ね、和歌を詠んだ。歌集に『山家集《さんかしゅう》』がある。

礼していたもの。頼朝は西行を御所に招き入れて弓馬のことなどを尋ね、翌日、その退出にあたっては銀作りの猫を贈るが、西行はこれを門外で遊ぶ子どもに与えている。なお、二ヶ月後、京都へ送るための貢金四五〇両が、奥州の藤原秀衡《ひでひら》から鎌倉へ届くことになる。

（吾妻鏡）

15 文治三年（一一八七）三月一〇日

源頼朝が*梶原景時《かじわらかげとき》に鎌倉中の道路を造らせる。景時が行った*讒訴《ざんそ》の科《とが》に対して課せられたもので、藤原俊兼《としかね》が奉行としてこれにあたっている。なお鎌倉中の道路の造成については、翌年五月二〇日、八田知家《はったともいえ》の郎従が内裏夜行番の勤務を怠ったとして、主人の知家に課せられており、建久五年（一一九四）四月一〇日にも、梶原景時の奉行によって行われている。

（吾妻鏡）

16 文治四年（一一八八）正月一日

*窟堂《いわやどう》下の佐野基綱《もとつな》宅より出火し、強風のために付近の人家数十軒が焼失する。この窟堂付近は、承久二年（一二二〇）正月、寛喜元年（一二二九）一二月、正嘉二年（一二五八）正月などにも火災にあっている。なお、こ

梶原景時
28参照。

讒訴の科
他人をおとしいれるために無実の訴えをした罪。

窟堂
現在の雪ノ下一丁目に祠が残る。岩窟の中に石の不動明王を祀っている。

の年一〇月、窟堂の僧・聖阿弥陀仏房《しょうあみだぶつぼう》が路上で急死しているが原因は不明。この頃、鎌倉では、庶民に多くの急死者がでている。（吾妻鏡）

17

文治五年（一一八九）六月一三日

奥州から藤原泰衡《やすひら》の使者が源義経の首を腰越浦に持参し、和田義盛・梶原景時がこれを実検する。義経の首は黒漆の櫃《ひつ》に納め、美酒に浸されて運ばれてきたもので、見るものみな涙を流したという。前々年、藤原秀衡を頼って平泉に逃れていた義経であったが、秀衡死後、頼朝の圧力をうけたその子泰衡によって討たれたものである。なお義経の首は、後日、藤沢に葬られたとも伝えられている。（吾妻鏡、鎌倉大日記《かまくらおおにっき》、新編相模国風土記稿《しんぺんさがみのくにふどきこう》）

18

文治五年（一一八九）七月一九日

源頼朝が奥州へ向けて、みずから正面から攻める大手軍一千騎の陣頭に立ち、鎌倉を進発する。義経の滅亡についで、頼朝本来のねらいである奥州藤原氏*を討滅するためである。この日、鎌倉をたった頼朝は、八月二二日に奥州藤原氏の本拠地平泉に侵攻し、さらに逃亡した泰衡を追って北上、その敗死を確認したのち、一〇月二四日、鎌倉に帰着することになる。（吾妻鏡）

奥州藤原氏

藤原清衡、基衡、秀衡、泰衡の四代で、一一世紀後半から約一〇〇年間、奥州に繁栄を極めた一族。後三年合戦後、清原清衡が藤原姓を名乗り、平泉を根拠地として勢力をはったのが始まり。中尊寺（岩手県平泉町）を代表とする絢爛豪華な文化は、後世に大きな影響を与えた。

19 建久元年（一一九〇）一〇月三日

源頼朝、上洛のために大軍を率いて鎌倉を進発する。頼朝は年末の一二月二九日に鎌倉に帰着するが、この間、一一月には朝廷から権大納言《ごんだいなごん》・右《う》近衛大将《こんえのだいしょう》に任じられている（一二月辞任）。（吾妻鏡）

20 建久二年（一一九一）正月一五日

鎌倉幕府の政務を担当する*政所《まんどころ》の文書始《はじめ》が行われる。別当は大江広元。前年一一月、上洛中の頼朝が権大納言・右近衛大将になったことによる。もっとも文治元年（一一八五）四月、頼朝は従二位に昇進して政所開設の有資格者となっている。また、その年の九月五日には訴状《そじょう》提出者に対し、頼朝が「政所」への参上《さんじょう》を命じているなど、実質的活動はすでに行われている。（吾妻鏡）

21 建久二年（一一九一）三月四日

小町大路付近から出火し、*北条義時《ほうじょうよしとき》邸ほか多数の家屋が被災し、さらに幕府御所や鶴岡若宮の神殿なども焼亡する（鎌倉大火）。のち七月、頼

政所
本来は、三位以上の公家の家政（一族・家内の政治・家事全般の管理）機関を指す。この名称が用いられることは、公的に認められた機関であることの証明ともなった。

北条義時
（一一六三～一二二四）北条政子の弟。伊豆の豪族であった北条時政の次男として生まれ、頼朝の伊豆挙兵に従い、頼朝の鎌倉入りに尽力した。第二代執権。近年、頼朝の墓（法華堂40脚注参照）近くから、義時の墳墓跡とされる遺構も発見された。

朝は新造の御所に移り、一一月には鶴岡八幡宮や若宮などの遷宮《せんぐう》が行われることになる――この時、頼朝は従来からの若宮再建のほか、石清水八幡宮を新たに勧請して本宮を創建――。

（吾妻鏡）

22 建久三年（一一九二）七月二〇日

京都から飛脚が到着し、去る一二日に源頼朝が征夷大将軍に任じられたことを報じる。のち二六日、勅使が下向し、鶴岡八幡宮で頼朝の使三浦義《よし》澄《ずみ》に除書《じしょ》（任官結果を記した目録）を渡すことになる。なお頼朝の征夷大将軍任官は、これに反対していた後白河法皇の死去から四ヶ月後のことである。

（吾妻鏡）

23 建久三年（一一九二）一一月二五日

源頼朝、奥州平泉の大長寿院（二階大堂）を模して永福寺《ようふくじ》*を創建する。源義経ならびに先の奥州攻略で滅んだ藤原泰衡以下数万の怨霊の冥福を祈るためで、攻略直後、文治五年（一一八九）一二月に着手されていたもの。頼朝による戦死者の怨霊鎮魂供養としては、二年前の盂蘭盆《うらぼん》に勝長寿院で催された平氏亡霊のための万灯会《まんどうえ》もある。

（吾妻鏡）

永福寺
現在の鎌倉市二階堂にあったといわれる寺。現在は遺構のみが残る。『海道記』などの鎌倉時代の紀行文には、鎌倉の中でも、とくにすぐれた寺として描かれている。

永福寺跡（写真：鎌倉市教育委員会提供）

将軍　頼朝
天皇　後鳥羽

24 建久四年（一一九三）八月一七日

源頼朝が弟範頼《のりより》を伊豆国へ追放する。去る五月、富士の裾野《すその》で曾我十郎祐成《すけなり》・五郎時致《ときむね》兄弟が父の敵《かたき》工藤祐経を殺害する事件が起こった折、頼朝も討たれたとの噂に動揺する北条政子を、「私がいるから心配ない」と慰めたことが、謀叛《むほん》の疑いありとして頼朝の勘気にふれたためともいう。範頼はのちに殺害*されることになる。（吾妻鏡、保暦間記《ほうりゃくかんき》）

25 建久六年（一一九五）二月一四日

源頼朝が、妻の北条政子や嫡男頼家・長女大姫を伴って、奈良の東大寺大仏殿の落慶供養《らっけいくよう》に出席するため、鎌倉を出発する。頼朝らは京都にも逗留し、七月八日、鎌倉に帰着することになる。なお頼朝は、この二度目の上洛で、大姫入内《じゅだい》のはたらきかけを行うも、大姫は翌々年七月に死去する。（吾妻鏡、愚管抄《ぐかんしょう》）

源範頼の最期

範頼の最期について、『平家物語』には文治元年（一一八五）、頼朝から義経追討を命じられた時、これを辞退したため、「義経の真似をするなよ」と言われ、しきりに弁明したが、ついに討たれたという別の説が見える。

頼朝

土御門　98.1　後鳥羽

26 正治元年（一一九九）正月一三日

征夷大将軍源頼朝が死去する（五三歳）。前年一一月、稲毛重成《いなげしげなり》が亡妻の冥福を祈るために新造した相模川の橋供養に参列しているが、その帰路に落馬したこと、また「飲水《いんすい》重病（重い糖尿病）」などが*死因としてあげられている。のち二月六日には宣旨が到着し、嫡男頼家が頼朝の遺跡を相続する。ただし、頼家が正式に征夷大将軍に任じられるのは、建仁二年（一二〇二）七月のことになる。（公卿補任《くぎょうぶにん》、吾妻鏡、猪隈関白記《いのくまかんぱくき》）

27 正治元年（一一九九）四月一二日

北条政子が源頼家の訴訟親裁を停止し、北条時政・大江広元ら*宿老一三人の合議による裁決とする。以後も若き後継者頼家（一八歳）の政務・言動に対する政子や重臣らの諫言《かんげん》は続くことになる。しかし頼家は、翌年五月にも、陸奥《むつ》国の境界争いに際し、提出された絵図の中央に墨で線を引き、「所領の広い狭いは、その身の運・不運による」などといった尋常でない裁決を行っている。（吾妻鏡）

源頼朝の死因

『吾妻鏡』が、この時期、すなわち建久七年（一一九六）正月から正治元年正月にかけての記事を欠いていることから、橋供養の帰途、安徳天皇や弟義経らの怨霊に出会ったためとする説など、さまざまな推測がなされている。

宿老一三人

北条時政、同義時、大江広元、三善康信、中原親能《ちかよし》、三浦義澄、八田知家、和田義盛、比企能員《ひきよしかず》、安達盛長、足立《あだち》遠元《とおもと》、梶原景時、二階堂行政《にかいどうゆきまさ》。

将軍　頼朝
天皇　土御門

28 正治元年（一一九九）一〇月二八日

千葉常胤・三浦義澄ら有力御家人六六名が鶴岡八幡宮の廻廊に集結し、梶原景時*糾弾の訴状を提出する。前日、景時が結城朝光《ゆうきともみつ》を源頼家に讒言《ざんげん》したことをきっかけに、これまで景時の讒言によって多数の失脚者がでていることに対する不満が爆発したとか、景時が頼家に対し、御家人たちの間で頼家の弟千幡《せんまん》（実朝）を主君にたてようとする陰謀が進められていると報告したためとかいわれている。結局、景時は鎌倉追放となり、さらに翌年正月二〇日、上洛途中に駿河国清見関《きよみのせき》で討たれることになる。

（吾妻鏡、玉葉）

29 正治二年（一二〇〇）閏二月一三日

北条政子、亀谷《かめがやつ》の地を僧栄西*《ようさい（えいさい）》に寄付し、壽福寺の造営を始める。当地は源頼朝の父義朝*の旧跡で、その恩に報いるため岡崎義実*《おかざきよしざね》が草堂を建てていたところ。なお、のち七月一五日には、この壽福寺において京都で描かせた十六羅漢《らかん》画像の開眼供養が、政子も参堂して行われることになる。

（吾妻鏡）

梶原景時
（？～一二〇〇）平氏方の武将だったが、石橋山の戦で源頼朝を助け、信任を得た。侍所の所司・別当を務める。深沢小学校裏手のやぐらは、梶原一族の墓といわれている。

栄西
（一一四一～一二一五）日本臨済宗《りんざいしゅう》の祖。延暦寺で天台宗を学んだ後、宋に渡った。帰国後、鎌倉へ。幕府の庇護を受け、壽福寺《じゅふくじ》、京都の建仁寺《けんにんじ》の開山となる。44参照。

義朝の旧跡
1脚注参照。なお『吾妻鏡』によると、翌々年二月には、現在の逗子市にあった旧宅も移建している。

岡崎義実
（一一一二～一二〇〇）現平塚市・伊勢原市付近を拠点とした相模国の豪族。三浦氏の一族。源頼朝が、石橋山の戦で戦死した義実の長男佐奈田余一義忠の菩提を弔うために証菩提寺（横浜市）を建立した話はよく知られている。

30

建仁元年（一二〇一）八月一一日

鎌倉を大風雨が襲い、陸では家が壊され、海では船が転覆《てんぷく》し、鶴岡八幡宮寺の廻廊なども転倒する。大風雨は二三日にも再来し、五穀《ごこく》が損亡するなか、蹴鞠《けまり》*にふけって政務を怠る源頼家への批判が高まる。なお北条泰時は、一〇月、窮民支援のために伊豆北条に下向することになる。（吾妻鏡）

31

建仁三年（一二〇三）五月一九日

源頼家が父頼朝の弟阿野全成《あのぜんじょう》*を、謀叛の疑いにより捕える。全成は六日後に常陸国《ひたちのくに》へ流され、六月には下野《しもつけ》国で殺害されることになる。全成の妻阿波局《あわのつぼね》は頼家の弟千幡《せんまん》（実朝）の乳母で、北条時政の娘（政子の妹）。時政が千幡を擁立して頼家と対立していたためとみられる。（吾妻鏡）

32

建仁三年（一二〇三）八月二七日

源頼家が日本国総守護職《しき》と関東二八か国の地頭職を長子一幡《いちまん》（六歳）に、関西三八か国の地頭職を頼家の弟千幡（一二歳、実朝）に譲る。前月半ばすぎから病床にあった頼家の容態が悪化する中でとられた措置である。な

蹴鞠（けまり／しゅうきく）
革製の鞠を地面に落とさないように繰り返し蹴りあげ、その回数を競う競技。飛鳥井《あすかい》流蹴鞠の祖である飛鳥井雅経《まさつね》については40脚注参照。

阿野全成
（一一五三～一二〇三）源義朝の子。幼名今若。母は常盤御前《ときわごぜん》で義経の同母兄。醍醐寺で成長するが、異母兄頼朝の挙兵を聞き、下総国で対面。駿河国阿野荘（現、静岡県沼津市付近）を領した。

比企能員
（?～一二〇三）源頼朝の乳母である比企尼《ひきのあま》の養子。平氏追討に加わり、頼朝の信任を得た。頼朝の死後、二代将軍頼家の外戚として、権力を振るった。北条氏討伐を企てたが政子に知ら

お頼家の意向は一幡にすべてを相続させるというものであったが、それによる一幡の外祖父で有力御家人の比企能員*《ひきよしかず》の勢力増大を恐れた北条時政らが、この措置を進めたともいわれている。

（吾妻鏡、愚管抄）

33 建仁三年（一二〇三）九月二日

北条時政が薬師如来像の供養にかこつけ、比企能員を自邸に招いて殺害し、さらに北条政子の命をうけた軍勢が、頼家の長子一幡の館にたてこもる比企氏一族・郎従らを襲う（比企氏の乱*）。前月二七日の譲与内容に激怒していた能員とその一族は、これによって滅亡し、かろうじて脱出した一幡も、二ヶ月後には殺害されている。

（吾妻鏡、愚管抄）

34 建仁三年（一二〇三）九月一五日

源頼朝の二男千幡に実朝の名を与え、征夷大将軍に任じる宣旨*《せんじ》が鎌倉に到着する。京都側は頼家死去にともなっての、鎌倉からの申請に応じたものとするが、頼家はなお生存中。しかし、その頼家も二九日には伊豆修禅寺に送られ、翌年七月、殺害*されることになる。

（吾妻鏡、猪隈関白記、明月記《めいげつき》、鎌倉大日記）

れ、名越の北条邸にて謀殺される。後に一族も北条氏によって滅ぼされた。

比企氏の乱

比企氏一族の供養塔（妙本寺）

宣旨
太政官の命を伝える文書の形式。

頼家殺害
『鎌倉大日記』『保暦間記』は修禅寺の浴室で討たれたとし、『愚管抄』にも殺害時の様子が記されている。

実朝 03.9
時政
土御門

35 元久元年（一二〇四）一〇月一四日

源実朝の妻となる公家坊門信清《ぼうもんのぶきよ》の息女を京都まで出迎えるために、人々が鎌倉を進発する。坊門信清は後鳥羽上皇生母の弟。信清息女の京都出立は一二月一〇日のこととなり、上皇もこれを見送っている。なお実朝夫人の候補者としては、下野国の豪族足利義兼《よしかね》の息女の名もあがっていたが、実朝はこれを承知しなかったという。

（吾妻鏡、明月記）

36 元久二年（一二〇五）六月二二日

武蔵国の有力御家人畠山重忠《はたけやましげただ》*の嫡子重保《しげやす》が、由比ヶ浜付近で北条時政の命をうけた三浦義村に討たれ、ついで重忠も武蔵国二俣川《ふたまたがわ》（横浜市旭区）で幕府軍と戦い、敗死する。事件の発端は、時政の後妻牧ノ方《まきのかた》の女婿平賀《ひらが》朝雅《ともまさ》が、口論相手の重保に謀叛の疑いありとして、牧ノ方に讒言《ざんげん》したことにあるという。

（吾妻鏡）

畠山重忠

（一一六四〜一二〇五）剛勇廉直の坂東武士として知られ、また音楽的にもすぐれた才能を示した（13参照）。建久三年（一一九二）の永福寺建立（23参照）の時、一人で堂前の池の中に巨石を立てたという強力ぶりも伝えられている。

将軍	実朝
執権	時政
天皇	土御門

37 元久二年（一二〇五）閏七月一九日

北条時政が源実朝を殺害し、後妻牧ノ方の女婿平賀朝雅を将軍に立てようとしたが、子の北条政子・義時らに阻止される。翌日、義時が執権に就任し、時政は伊豆国北条へ下向して隠退することになる（一〇年後、同地で没）。なお平賀朝雅も、二六日、京都において軍兵に襲われ、敗走の途中に討たれている。（吾妻鏡）

38 承元元年（一二〇七）一〇月八日

南風強く、若宮大路で大火が発生し、人家が焼亡する。なお、以後も鎌倉はたびたび火災に見舞われており、建保二年（一二一四）一二月四日には、由比ヶ浜から若宮大路まで数町に及ぶ大火も発生している。（吾妻鏡）

39 建暦元年（一二一一）七月

源実朝が洪水の被害を愁い嘆く民衆を心配し、止雨を祈る。その折、実朝が詠んだ和歌「時により過ぐれば民の嘆きなり八大龍王雨やめたまへ」は、のちに実朝の家集『金槐《きんかい》和《わ》歌集《かしゅう》』に収められることになる。なお実朝

実朝
義時 05.7
順徳 10.11

は和歌に親しみ、『新古今和歌集』の撰者の一人藤原定家《さだいえ(ていか)》（第三章[7]藤原為家の脚注参照）に師事している。

（金槐和歌集）

[40] 建暦元年（一二一一）一〇月一三日

鎌倉滞在中の京都鴨社《かも》の氏人《うじびと》*鴨長明《かものちょうめい》が、源頼朝の忌日にあたるとして、その墳墓堂である*法華堂に参り、和歌一首を堂の柱に記す。長明の詠んだ和歌は「草も木も靡《なび》きし秋の霜《しも》消えて空《むな》しき苔《こけ》を払う山風」というもの。今度の滞在で長明はたびたび源実朝に謁見しているが、長明を実朝に推挙したのは、『新古今和歌集』の撰者の一人*飛鳥井雅経《あすかいまさつね》。なお長明は、帰京後の翌年三月、『方丈記』を執筆することになる。

（吾妻鏡）

鴨長明
（一一五五～一二一六）遁世の歌人・文学者。長明の編になる仏教説話集『発心集《ほっしんしゅう》』には、彼が東国に修行した折、鎌倉下向途中の老琵琶法師に出会った話も収められている。

法華堂
文治五年（一一八九）に聖観音《しょうかんのん》を本尊として、鶴岡八幡宮の東側、現在の清泉小学校裏手に建てられた。もとは頼朝の持仏堂（祖先の位牌を安置する堂）で、頼朝は死後、ここに葬られた。現在国指定史跡となっている（[21]脚注参照）。

飛鳥井雅経
（一一七〇～一二二一）和歌・蹴鞠に秀でた公家。父の刑部卿藤原頼経は親源義経派として配流されたが、雅経は関東へ下り、源頼家らに厚遇された。妻は大江広元の娘。京都と鎌倉の文化交流に貢献した。飛鳥井流蹴鞠の祖。

41 建保元年（一二一三）二月一六日

信濃国住人 *泉親衡《いずみちかひら》（親平）が故源頼家の遺児（栄実《えいじつ》、童名千手丸）を将軍とし、北条義時を討つという謀叛を計画していたことが露見する。謀叛への参加を呼びかけるため、鎌倉に送りこまれていた密使の逮捕によって発覚したもの。泉親衡は行方をくらますが、多数の計画加担者の中に侍所別当和田義盛の子や甥も含まれていたことから、その処遇をめぐって義盛と北条氏が激しく対立することになる。

（吾妻鏡）

42 建保元年（一二一三）五月二日

和田義盛とその一族が、とくに二月以来、険悪な関係にあった北条氏打倒をめざして挙兵する（和田合戦*）。義盛の軍勢は将軍御所・北条義時邸・大江広元邸を襲撃するが、従兄弟の*三浦義村《みうらよしむら》の裏切りもあって、義盛は翌日、敗死する。合戦後、北条義時は従来の政所別当のほか、義盛にかわって侍所別当も兼任することになる。

（吾妻鏡）

泉親衡の謀叛計画
計画の首謀者は一三〇人、一味は二〇〇人に及んだという。約半月後、親衡は鎌倉の筋違橋《すじかえばし》（雪ノ下三丁目）に隠れていたところを襲われたが、合戦の末、逃亡したという。

和田合戦

和田氏一族の墓（由比ガ浜和田塚駅付近）

三浦義村の裏切り
説話集『古今著聞集《ここんちょもんじゅう》』によると、このため義村は、他の御家人から、「三浦の犬は友を食《くら》うぞ」と批判されたという。

実朝
義時
順徳

43 建保元年（一二一三）五月二一日

鎌倉一帯で、近年かってない大地震が起こる。何か音がするとともに、家屋が壊れ、山が崩れ、地面が裂けるといった大揺れに襲われたという。去る一五日にも二度にわたって地震があり、また七月七日には、再び大きい地震が起こっている。なお二年後の建保三年（一二一五）九月、鎌倉では連日のように地震が記録されることになる。（吾妻鏡）

44 建保二年（一二一四）二月四日

*壽福寺長老の栄西が二日酔いに悩む源実朝に対し、良薬と称して茶を勧め、また「茶徳を誉《ほ》むるところの書」一巻を献上する。この一巻が喫茶の効能などを説いた、わが国最初の茶書『喫茶養生記《きっさようじょうき》』であるという。なお栄西は翌年六月五日死去する。（吾妻鏡）

45 建保三年（一二一五）七月一九日

幕府が町人以下鎌倉中の諸商人の人数を定める。鎌倉の発展ぶりは著しく、八年後の貞応二年（一二二三）には、京都からの訪問者が由比ヶ浜付

壽福寺
扇ガ谷にある鎌倉五山第三位の寺。

壽福寺の参道

将軍	実朝
執権	義時
天皇	順徳

近について、「数百艘《そう》の船がつながれ、千万もの家が軒を並べている」と感嘆することになる。

（吾妻鏡、海道記《かいどうき》）

46 建保四年（一二一六）九月二〇日

大江広元が官位昇進をいそぐ源実朝を諫《いさ》める。この六月、権中納言に任じられたばかりで、さらに近衛大将を望む実朝を、はやすぎるとして広元が諫めたもの。しかし実朝は、「源氏の正統はこの実朝で絶えるゆえ、せめて高官にのぼり、家名をあげたいと思う」と答え、諫言を退けたという。翌々年、実朝は権大納言・左近衛大将・内大臣・右大臣と、めざましい昇進をとげることになる。なお、実朝のはやすぎる昇進については、後鳥羽上皇による「官打《かんうち》（過分な官職を与えて不幸にする）」説もある。

（吾妻鏡、公卿補任、承久記《じょうきゅうき》）

47 建保四年（一二一六）一一月二四日

源実朝が宋の医王山《いおうざん》参詣のため、宋人陳和卿《ちんなけい》に唐船の建造を命じる。陳和卿は東大寺大仏の再建にあたった宋の技術者。六月に鎌倉へ下ってきて実朝と対面した折、実朝が前世において宋の医王山の長老であったと述べたことによる。しかし唐船は、翌年四月に完成したものの、なぜか進水には失敗することになる。

（吾妻鏡）

48 建保六年（一二一八）二月四日

北条政子が熊野参詣*のために鎌倉を進発する。政子は四月二九日に鎌倉に帰着するが、この間、京都にも滞在して従三位に叙せられている（のち一〇月には従二位）。出家人の叙位は道鏡*《どうきょう》以外、女叙位は准后*《じゅごう》以外、その例はないという。なお京都出立に先立って、後鳥羽上皇から対面の話があったが、政子は「辺鄙《へんぴ》な田舎の老尼がお目にかかっても、なんの利益もございません」とこれを断っている。

（吾妻鏡）

熊野参詣
熊野三山、すなわち紀伊国（和歌山県）の熊野本宮大社、熊野速玉大社、熊野那智大社に参詣すること。院政期には後白河院をはじめ各上皇による参詣は一〇〇回に及び、鎌倉期になると武士・庶民の参詣が盛行した。

道鏡
（?～七七二）奈良時代の僧。弓削《ゆげ》氏出身。称徳天皇の支持をえて、太政大臣禅師・法王となり、さらに皇位を望んだが失敗した。

准后
准三宮《じゅさんぐう》とも。太皇太后・皇太后・皇后と同等の待遇を与えること。また与えられた人。

将軍	実朝
執権	義時
天皇	順徳

天変地異起こる

一二一九～

1 承久元年（一二一九）一月二九日

源実朝、鶴岡八幡宮で右大臣拝賀の式に出て退出の際、源仲章《なかあき》とともに甥の鶴岡八幡宮別当公暁《くぎょう》*によって殺害される。公暁も乳母の夫三浦義村のもとへおもむく途中に殺され、頼朝の源家は断絶するところとなった。二月北条政子は、後鳥羽上皇の皇子を将軍として下向させることを申請するが拒否される。七月左大臣藤原《ふじわら》（九条《くじょう》）道家《みちいえ》の子三寅《みとら》（二歳、のち頼経）が、頼朝の遠縁にあたることにより、将軍の後嗣として鎌倉に入っている。

（吾妻鏡）

2 承久元年（一二一九）一二月二四日

北条政子の邸宅が全焼する。この邸宅は源頼朝が幕府をおいた大倉御所*である。この大倉御所は頼朝が築いて以来、建久二年（一一九一）、建保元年（一二一三）に焼失し、そのたびに同じ邸内に再建されたが、この日の焼失後は再建されず、北条義時邸南の仮御所に移った。

（吾妻鏡）

公暁
（一二〇〇～一二一九）二代将軍頼家の次男。頼家の死後、北条政子の計らいにより、鶴岡八幡宮の僧籍に入り、その後別当を務める。父の死の原因が、実朝と北条氏の策謀によるものとして「父の仇」を討つ目的で凶刃をふるったといわれる。

大倉御所
現在の二階堂・西御門周辺にあったとされる源頼朝の邸宅。

将軍	実朝
執権	義時
天皇	順徳

3 承久二年（一二二〇）二月一六日

鎌倉大町以南から由比ヶ浜までの一帯が火災で焼亡する。前年の九月には、鎌倉中が大火災となり「頼朝以来の焼亡」と記録にみえる。この年には一〇月にも鎌倉町辺の南北二町余りで火災が発生している。鎌倉の町が整い人口が増えるなかで、火災が頻繁に発生し人々を悩ませた。（吾妻鏡）

4 承久三年（一二二一）五月一九日

去る一五日、後鳥羽上皇が執権北条義時追討《ついとう》の命令を諸国の武士に下したことなどを伝える、上皇側・幕府側双方の急使が京都からあいついで到着した。これに対し、尼将軍といわれた北条政子は御家人を招集し、頼朝以来の御恩などを訓示して結束を固めた。翌六月には幕府軍一九万騎が東海・東山・北陸の三道から京へ攻めのぼり、戦いは幕府方の圧倒的勝利をもって終わることになる（承久の乱）。

（吾妻鏡、承久記《じょうきゅうき》）

5 元仁元年（一二二四）六月二八日

北条政子が、去る一三日に死去した二代執権北条義時の嫡子泰時《やすとき》を新執

将軍				
執権	義時			24.6
天皇	順徳	21.4 仲恭	21.7	後堀河

権に指名した。一方、これを不満とする義時の後妻伊賀氏《いがし》は、兄の伊賀光宗らとはかり、女婿*一条実雅《いちじょうさねまさ》を将軍、実子政村《まさむら》を執権に立てようとしたが、閏七月二九日に発覚し、翌八月、伊賀氏は伊豆国北条に籠居《ろうきょ》、光宗も信濃国に流罪となる（伊賀氏の変）。

（吾妻鏡）

6 元仁元年（一二二四）一二月二六日

北条泰時が疫病の流行により、四角四境《しかくしきょう》の鬼気祭を修する。四境とは、東は六浦《むつら》、南は小壺《こつぼ》、西は稲村《いなむら》、北は山内《やまのうち》といい、当時の鎌倉の外側の範囲を示している。中世の鎌倉では疫病流行にさいして、その消除祈願が由来とみられる祇園御霊会《ごりょうえ》が天王社・祇園社・牛頭天王《ごずてんのう》などで行われていた。

（吾妻鏡）

7 嘉禄元年（一二二五）一二月二〇日

去る七月一一日、故源頼朝夫人の北条政子が死去して以来、問題になっていた将軍御所の移転が行われ、将軍継嗣《けいし》の藤原（九条）頼経《よりつね》が、北条義時邸南の仮御所から*宇津《うつの》（都）宮辻子《みやずし》の新御所に移った。一〇月四日、御所移転の候補地となった宇津宮辻子並びに若宮大路を北条泰時・時房らが

一条実雅
（一一九六～一二二八）将軍実朝が右大臣就任に際して、鶴岡八幡宮を参詣し、暗殺されたときに随従していたとされる。四代将軍藤原（九条）頼経は姉の孫にあたる。元仁元年（一二二四）に起きた伊賀氏の変で、失脚。越前に流刑となり、その地で変死を遂げた。

宇津宮辻子
若宮大路と東側の小町大路を結ぶ小路。新御所は、現在の二の鳥居から鶴岡八幡宮へ向かって百メートルほどいった右側一帯に位置していたと推定されている。

泰時
後堀河

視察し、政子の百カ日の法要がすむ一二月五日に立柱・上棟をすませ、完成をまって移ったのである。

（吾妻鏡）

8 嘉禄元年（一二二五）一二月二一日

執権・*連署《れんしょ》とともに幕府の政務や訴訟にあたる*評定衆《ひょうじょうしゅう》一一人が選ばれ、最初の評定会議が行われた。また将軍御所の西の侍《さむらい》（詰所）勤番の制を復活し鎌倉番役《ばんやく》と称するようになった。この勤番は遠江《とおとうみ》国以下東国一五カ国の御家人が、所領高の多寡《たか》によって一年のうちの勤務期間を割り当てられ、交代で御所の諸門の警固にあたるものである。

（吾妻鏡、関東評定衆伝《かんとうひょうじょうしゅうでん》）

9 嘉禄二年（一二二六）一月二七日

三代将軍源実朝が殺害された後、将軍の継嗣として鎌倉に下向していた藤原（九条）頼経が、承久の乱の処理が一段落したこの時点で、正五位下右近衛少将、征夷大将軍（第四代将軍）に任ぜられる。

（吾妻鏡）

連署
鎌倉幕府の職名。執権の補佐役。北条氏一門が就任し、幕府の発給する文書に執権とともに署判した。

評定衆一一人
中原師員《もろかず》、三浦義村、二階堂行村《にかいどうゆきむら》、中《ちゅう》条家長《じょういえなが》、三善康俊《みよしやすとし》、二階堂行盛《ゆきもり》、三善倫重《のりしげ》、後藤基綱《もとつな》、三善康連《やすつら》、佐藤業《なり》時《とき》、斎藤長定《ながさだ》

将軍	藤原頼経 26.1
執権	泰時
天皇	後堀河

10 安貞二年（一二二八）七月一六日

前年からこの年、翌年と鎌倉の町では火災が頻発《ひんぱつ》する。この日、晴れて南の風が激しく吹く中で松童社のかたわらから火事が起こり、東西四町の内の人家が延焼している。将軍の妻の竹御所《たけのごしょ》は延焼を免れている。一二月には由比ヶ浜の民家から出火して南北二〇余町が延焼している。（吾妻鏡）

11 寛喜二年（一二三〇）七月一六日

夏なのに、この日、鎌倉では霜が降り、「ほとんど冬天のごとし」と天候不順が記されることになる。前月九日には幕府の車宿《くるまやどり》の東の母屋の上に落雷があり、死者がでていた。さらに、八月六日の晩には鎌倉で洪水が起き、河辺の民家が流失し、多くの人が溺死している。その二日後には台風とみられる大暴風雨があり、「草木の葉枯れ、ひとえに冬気の如し。稼穀《かこく》みな損亡」と伝えている。＊寛喜《かんぎ》の大飢饉の始まりである。（吾妻鏡）

寛喜の大飢饉
寛喜年間（一二二九～三二）に起こった異常気象などによる全国的な大飢饉。『吾妻鏡』寛喜三年（一二三一）三月一九日条にも、「今年世上飢饉、百姓多く以《もっ》て餓死せんと欲す」などという記事が見える。

藤原頼経
泰時
後堀河

12 寛喜三年（一二三一）一月一四日

大倉観音堂の西辺より出火し、二階堂大路に延焼している。この月二五日には名越あたりで火災が起き、人家五〇余が焼亡し、翌月一一日には若宮馬場本の足利義氏邸が焼亡した。一〇月二五日には北条時房の公文所が焼け勝長寿院の西辺りより永福寺総門内に延焼し、源頼朝や北条義時の法華堂などが炎上し、多数の死者をだした。この年の火災は放火の噂もあり、寛喜の大飢饉による人心の不安と動揺が広がっているなかでの火災の続発であった。

（吾妻鏡）

13 貞永元年（一二三二）七月一二日

勧進聖人往阿弥陀仏《おうあみだぶつ》が鎌倉への船の着岸の煩《わずら》いをなくすために、和賀江嶋*を築くことを幕府に申請した。早くも八月九日には執権北条泰時以下の助力を得て完成している。のち建長五年（一二五三）ごろには、「和賀江の津の材木」といわれるほど、この付近は材木の売買が盛んな地となっている。

（吾妻鏡）

和賀江嶋
現存する日本最古の築港遺跡。現在の鎌倉市材木座の東南の端に位置する。相模川や酒匂川、伊豆近辺から運んだ石を積み上げ、約一ヶ月ほどで完成したといわれる（30参照）。

（写真：鎌倉市提供）

将軍	藤原頼経
執権	泰時
天皇	後堀河

14 貞永元年（一二三二）八月一〇日

執権北条泰時が、武士のための法典である御成敗式目*を制定した。なお泰時は、翌月一一日、六波羅探題*として京都に赴任中の弟重時に書状を送り、この式目は公平な裁判をおこなうために、武士社会の慣習である道理にもとづいて作成されていること、あくまで武士の便宜のためのものであり、これによって律令の規定が変更されることはないなどと述べている。

（吾妻鏡、御成敗式目唯浄《ゆいじょう》裏書）

15 文暦二年（一二三五）一月二七日

鎌倉幕府が鎌倉中の僧徒の兵仗《へいじょう》（武器）を禁止する。僧徒の武装化の理由ははっきりしないが、京での寺社権門の対立抗争が鎌倉に波及したとも考えられる。また、寛喜の大飢饉の中での世情不安からの武装化ともみられる。

（吾妻鏡）

御成敗式目
寛喜の大飢饉に対しての徳政（特別の仁政）の意味があるという指摘もなされている。

六波羅探題
鎌倉幕府が京都の六波羅に置いた機関。長官には北条氏一門が就任。京都の守護や西国の訴訟を担当した。

藤原頼経
泰時
四条 32.10

16 嘉禎二年（一二三六）八月四日

第四代将軍藤原（九条）頼経が宇津宮辻子御所から北側の若宮大路の新造された御所に移る。これが第一期*若宮大路御所である。この新御所は、宇津宮辻子御所の北西よりにあったが、この両御所は同一区画内にあり、宇津宮辻子を主にして呼んだのが宇津宮辻子御所であり、他方、若宮大路を主として呼んだのが若宮大路御所である。この御所の移転によって鎌倉の町の中心は鶴岡八幡宮・大倉御所・永福寺を結ぶ地域から、鶴岡八幡宮とそれから南に延びる若宮大路に移って行く。（吾妻鏡）

17 嘉禎二年（一二三六）一二月一九日

執権北条泰時が若宮大路新御所の北隣に自邸を新造して移る。この泰時の鎌倉邸は横大路と若宮大路とを二辺とする地にあり鶴岡八幡宮の門前に位置していたものと思われる。周辺には多くの御家人らが家屋を構えたという。（吾妻鏡）

若宮大路御所

現在の雪ノ下に建てられた若宮大路御所跡の碑

将軍	藤原頼経
執権	泰時
天皇	四条

18 嘉禎四年（一二三八）一月二八日

第四代将軍藤原（九条）頼経が承久元年（一二一九）に京より下向してから初めて、上洛のため鎌倉を進発する。二月一七日には六波羅《ろくはら》に着き、右衛門督、検非違使《けびいし》*別当などに任じられ、一〇月二九日に鎌倉に帰る。

（吾妻鏡）

19 仁治元年（一二四〇）一一月三〇日

去る一〇月に巨福呂坂《こぶくろざか》を整備した幕府が、今度は鎌倉と六浦津《むつらつ》とを結ぶ道路建設を決定した。この日、北条泰時みずからが現地に臨み、中野時景《ときかげ》を奉行に任じ、縄打ちして、御家人に工事区間を割り当てた。この年の工事は地の神にさわりがあるというので延期された。六浦津は鎌倉から山越しに八キロばかりにある外港で、安房《あわ》・上総《かずさ》・下総《しもうさ》などからの物資を鎌倉へ運ぶ要港であった。

（吾妻鏡）

検非違使
九世紀前半以降、主に京都の治安維持と民政を管理した職。

藤原頼経
泰時
四条

20 仁治二年（一二四一）四月五日

前年に延期されていた鎌倉と六浦津を結ぶ道路建設が再開される。幕府は工事を急いだが、峠坂を越える道はずいぶん難工事となった。完成を急ぐ北条泰時はみずから現場に出かけて監臨すると、人々が集まってきて土石をはこんだと伝えている。このときの工事で*朝夷奈《あさいな》の切通が開削され六*浦路が整備された。

（吾妻鏡）

21 仁治三年（一二四二）三月三日

鎌倉幕府は鎌倉中の僧徒の闘乱や殺害が多発するなかで、僧徒・法師・童子・力者の兵仗《へいじょう》の携帯を禁じた。文暦二年（一二三五）にも同様の禁止令を鎌倉中に出しているが、闘乱の具体的な原因ははっきりしない。

（新編追加《しんぺんついか》）

朝夷奈切通

六浦路
筋違橋《すじかえ》付近から十二所、朝比奈を抜けて六浦（横浜市金沢区）にいたる路。朝夷奈切通の開通によって、道沿いに商業地ができ、人の往来で賑わうようになったといわれる。

将軍	藤原頼経	
執権	泰時	42.6 経時
天皇	四条	42.1 後嵯峨

22 寛元元年（一二四三）六月一六日

深沢の大仏の供養が行われる。勧進聖人浄光房《じょうこうぼう》の六年間の勧進活動により、八丈余の阿弥陀像（大仏）が建立される。僧良信《りょうしん》を導師として供養が行われる。この時に供養された大仏は、木製。建長四年（一二五二）八月一七日に、金銅の大仏が鋳《い》られ始め、金銅製の大仏が建立される。この時に建立された金銅製の大仏が、現在の鎌倉大仏*（高徳院《こうとくいん》阿弥陀如来像）である。

（吾妻鏡）

23 寛元二年（一二四四）四月二一日

将軍藤原（九条）頼経の子頼嗣《よりつぐ》が元服する。頼嗣元服と頼経から頼嗣への将軍譲位を伝えるため、平盛時*《もりとき》が京都に派遣される。五月五日、盛時は、頼嗣の征夷大将軍任官の宣旨を持参して帰着する。執権北条経時《つねとき》は、宣旨を御所に持参して、頼経と対面する。前将軍頼経は、大殿として鎌倉にとどまる。翌年七月二六日に、頼嗣は、経時の妹である檜皮姫*《ひわだひめ》を御台所に迎える。

（吾妻鏡）

鎌倉大仏

鎌倉大仏（高徳院阿弥陀如来像）

平盛時
（生没年未詳）得宗《とくそう》の被官。侍所の所《しょ》司《し》を務めた。

檜皮姫
（一二三〇〜一二四七）北条時氏の娘。一六歳で将軍藤原（九条）頼嗣と結婚。だが、病のため一八歳の若さで死去。

藤原頼嗣	44.4
46.3	経時
46.1	後嵯峨

24 寛元四年（一二四六）三月二三日

北条経時が弟時頼《ときより》に執権を譲る。執権経時は重病となっていたが、経時邸で「*深秘《しんぴ》の御沙汰《ごさた》」が行われ、経時の子息が幼少であるため、弟の時頼に執権を譲ることが決められる。二五日に、時頼は将軍藤原（九条）頼嗣と前将軍頼経に執権就任を報告し、二六日には、評定を始めている。四月一九日に、経時は僧良信を戒師として出家し、閏四月一日に病死する。閏四月下旬から、鎌倉は不穏な情勢となる。

（吾妻鏡）

25 寛元四年（一二四六）五月二五日

北条時頼が*名越光時《なごえみつとき》らを失脚させる（宮騒動）。前将軍藤原（九条）頼経と結んでいた北条氏一門の名越光時は、時頼を討とうとする計画を立てたとの嫌疑をかけられ、出家する。六月七日に、後藤基綱《もとつな》・藤原為佐《ためすけ》・千葉秀胤《ひでたね》・三善康持《みよしやすもち》が、評定衆から罷免される。六月一三日に、光時は、伊豆国の江間に配流される。七月一一日に、藤原（九条）頼経は鎌倉を出発し、京都に送還される。

（吾妻鏡）

深秘の御沙汰
北条氏嫡流の当主である得宗の私邸で開かれた秘密会議。一門の主だったものなど、少人数で行われ、やがて幕府の重要な政策決定機関としての寄合になっていった。

名越光時
（生没年未詳）北条朝時の子。父朝時から越後国の守護職を継承するとともに、越後守に任官。宮騒動で伊豆に流されたが、弘長二年（一二六二）に鎌倉で叡尊《えいそん》から受戒しており、これ以前に鎌倉に戻っていたようである。

三浦泰村
（?～一二四七）相模国の三浦半島を拠点とする有力御家人。寛元四年（一

将軍	藤原頼嗣
執権	時頼
天皇	後深草

26 宝治元年（一二四七）六月五日

北条時頼が*三浦泰村《やすむら》を滅ぼす（宝治《ほうじ》合戦）。執権北条時頼と三浦氏の対立により、鎌倉には軍勢が集結して緊張が高まる。時頼は、外祖父の*安達《あだち》景盛《かげもり》とともに、三浦氏を攻撃。三浦泰村は、源頼朝の法華堂に籠もり、弟の光村は永福寺《ようふくじ》に陣を置いて防戦する。敗北した泰村、光村、*毛利季光《もうりすえみつ》（泰村の妹婿）以下五百人は、源頼朝の法華堂で自害する。六月七日には、上総国で千葉秀胤が滅ぼされる。

（吾妻鏡）

27 宝治元年（一二四七）七月二七日

*北条重時《しげとき》が連署に就任する。重時は、長らく務めた六波羅探題を辞し、京都から下向。七月一七日に鎌倉に到着。北条泰時ゆかりの故北条経時の小町上宅を居所とする。執権北条時頼は重時を、仁治元年（一二四〇）の北条時房の死去以来置かれていなかった連署に就けて、政権基盤の強化をはかる。一一月一四日に、重時の邸宅に、評定所や*小侍所が設置されている。

（吾妻鏡）

二四六）九月に、北条時頼から北条重時の鎌倉招請を打診されて拒否するなど、時頼と対立関係が生じていた。

安達景盛
（?～一二四八）頼朝の側近として活躍した安達盛長の子。北条時頼の母・松下禅尼は、景盛の娘。宝治二年（一二四八）に、高野山で死去。

毛利季光
（一二〇二～一二四七）大江広元の子。宝治合戦では北条時頼方に参戦しようとしたが、泰村の妹である妻に説得され、泰村方として参戦した。戦国大名・毛利氏の祖にあたる。

北条重時
（一一九八～一二六一）義時の子。『六波羅殿御家訓』を著す。娘は北条時頼の妻。連署として執権時頼を支えた。

小侍所
鎌倉幕府の機関。御家人が将軍に近侍する宿直や供奉などを管轄した。

28 建長元年（一二四九）一二月九日

幕府が引付《ひきつけ》を設置する。執権北条時頼による訴訟制度の改革。裁判の迅速化をはかるため、御家人の所領に関する訴訟を担当する機関として引付を新設する。一番の頭人に*北条政村《まさむら》、二番の頭人に*北条朝直《ともなお》、三番の頭人に*北条資時《すけとき》が就任する。一二月一三日には、*二階堂行方《にかいどうゆきかた》らが引付衆に就任する。

（関東評定衆伝）

29 建長二年（一二五〇）九月二六日

北条時頼邸で火災が起こる。二八日には、名越で火災。鎌倉では、たびたび火災が発生。翌年一月四日には、塔辻《とうのつじ》で火災。結城朝広《ゆうきともひろ》邸が被災し、相伝の地券文書や重宝を焼失。二月一〇日には、甘縄《あまなわ》で火災。東は若宮大路、南は由比ヶ浜、北は中下馬橋《なかのげばばし》、西は佐々目谷《ささめがやつ》の範囲が焼失。五月二七日には、由比ヶ浜の民家で火災が発生。南風で延焼し、御所の南門が焼失。一〇月七日には、薬師堂谷で火災。二階堂大路南に延焼。

（吾妻鏡）

北条政村
（一二〇五～一二七三）義時の子。母は伊賀朝光の娘。義時死去時には、伊賀氏を中心に政村を執権にする動きがあったとされる。康元元年（一二五六）、兄重時の後を受けて、連署に就任。文永元年（一二六四）に執権に就任したが、文永五年（一二六八）に、対モンゴル問題への対応のため時宗に執権を譲り、再び連署に就いて時宗を補佐。北条氏一門の長老として、得宗政権を支えた。国史跡の北条氏常盤亭跡は、政村の邸宅跡とされる。

北条朝直
（一二〇六～一二六四）時房（義時の弟）の子。妻は北条泰時の娘で、評定衆や引付頭人として得宗政権を支えた。

北条資時
（一一九九～一二五一）時房の子。評定衆を務める。和歌の才があった。

二階堂行方
（一二〇六～一二六七）文筆官僚。評

将軍	藤原頼嗣
執権	時頼
天皇	後深草

30 建長三年（一二五一）一二月三日

幕府が鎌倉中の小町屋を指定する。幕府は商業地域である小町屋を七か所（大町、小町、米町、亀谷辻、和賀江、大倉辻、気和飛坂《けわいざか》山上）指定して、それ以外の場所での商業を禁止する。また、牛を小路につなぐことを禁止し、小路を清掃すべきことなどを定める。なお、寛元三年（一二四五）四月二二日には、幕府は、建物を道路に張り出して建てることや町屋を作って道路を狭くすることなどを禁止している。

（吾妻鏡）

31 建長三年（一二五一）一二月二六日

*了行《りょうぎょう》が謀叛を計画したとして捕えられる。鎌倉では謀叛の情報が広まり、幕府や北条時頼邸の警備が厳重になされていたが、二六日に、了行・矢作常氏《やはぎつねうじ》・長久連《ちょうひさつら》らが謀叛を計画したとして捕らえられる。了行らは、宝治合戦で没落した三浦氏や千葉氏の残党であり、京都の*藤原（九条）道家・頼経父子が計画に関与していたとされる。翌年三月には、将軍藤原（九条）頼嗣（頼経の子）が廃されて、京都に送還される。

（吾妻鏡）

定衆を務める。酒宴で猿楽を演じるなど芸能にも通じていた。

了行
（生没年未詳）下総国の千葉氏の庶流出身の僧。京都の九条大御堂を拠点に活動し、藤原（九条）道家と関係があったとされる。

藤原（九条）道家
（一一九三～一二五二）摂関家の大殿として、朝廷を主導する。寛元四年（一二四六）に子の頼経が京都に送還されると、関東申次《もうしつぎ》を更迭され失脚した。建長四年（一二五二）、失意のうちに死去した。

藤原頼嗣
時頼
後深草

32 建長四年（一二五二）四月一日

*宗尊親王《むねたかしんのう》が鎌倉に到着する。宗尊は、後嵯峨《ごさが》上皇の皇子で、執権北条時頼の申請により鎌倉に下向する。固瀬宿《かたせ》（藤沢市片瀬付近）で幕府関係者に迎えられ、稲村ヶ崎《いなむらがさき》から由比ヶ浜の鳥居の西、下下馬橋《げのげばばし》、小町口を経て、時頼邸に入る。五日に、宗尊を征夷大将軍に任ずる宣旨の案文《あんもん》（写し）が、六波羅探題から鎌倉に届けられる。一四日に、宗尊は、鶴岡八幡宮に初参詣する。

（吾妻鏡）

33 建長四年（一二五二）九月三〇日

幕府は、鎌倉中と諸国の市での沽酒《こしゅ》（酒の売買）を禁止する。鎌倉では、保*々奉行人に沽酒の禁止が命じられ、民家から総数三万七千二百七十四口の酒壺が摘発される。一〇月一六日に、酒壺を一軒一壺所有することが許可される。造酒は禁止され、違反した場合には、罪科に処せられることが定められる。

（吾妻鏡）

宗尊親王
（一二四二～一二七四）後嵯峨上皇の第一皇子。母は平棟子。生母の身分が低いため、皇位継承の可能性がなかった。幕府の申請により、鎌倉に下向して、親王将軍が実現した。

保
京都の制度にならった市政の基本単位。

将軍	52.4 宗尊親王
執権	時頼
天皇	後深草

34 建長五年（一二五三）一〇月一一日

幕府が雑物の直法《じきほう》（値段）を定める。幕府は、炭・薪・萱木《かやぎ》・藁《わら》・糠《ぬか》などの雑物の高値を問題視して直法を定め、押買《おしかい》を禁止する。また、和賀江津で取引される材木が、不法が多いため建設に使用できないものがあるとして、材木の寸法を定める。雑物の直法は、翌年一〇月一七日に廃止される。

（吾妻鏡）

35 建長五年（一二五三）一一月二五日

建長寺供養が行われる。建長寺は、北条時頼によって、鎌倉郊外の山内に建立された寺院。建長三年（一二五一）一一月より建設工事が行われ、すでに完成していたが、この日に、*蘭渓道隆《らんけいどうりゅう》を導師《どうし》として供養が行われる。丈六《じょうろく》の地蔵菩薩像を中尊とし、地蔵菩薩像千体が安置される。朝廷と鎌倉幕府の長久、天下太平の祈願と三代の源氏将軍と北条政子、北条氏一門の供養のために、五部大乗経の写経が行われる。

（吾妻鏡）

蘭渓道隆

（一二一三〜一二七八）臨済宗の僧。寛元四年（一二四六）に宋より日本に渡来した。北条時頼の帰依を受けた。

蘭渓道隆像（建長寺蔵）

宗尊親王

56.11 時頼

後深草

36 康元元年（一二五六）一一月二二日

北条時頼が北条長時《ながとき》*に執権を譲る。時頼は子の正寿丸（のちの時宗）が幼少のため、「眼代《がんだい》」（代理）として、長時に執権を譲り、武蔵国の国務・侍所の別当・鎌倉の邸宅を預ける。長時は、時頼の妻の兄。二三日に、時頼は最明寺《さいみょうじ》で蘭渓道隆を戒師として出家する。時頼は、三〇歳で、九月一五日には赤斑瘡《あかもがさ》を、一一月三日には赤痢を患っていた。（吾妻鏡）

37 正嘉元年（一二五七）八月二三日

鎌倉で大地震が起こる。神社仏閣や人家が大きな被害を受け、がけ崩れや地割れが発生する。二五日には、余震が起こり、幕府は僧侶や陰陽師《おんみょうじ》*に祈祷を命じる。九月四日には、余震がおさまらないため、幕府は天地災変祭を行う。翌年の一〇月一六日には、鎌倉で大洪水が起こり、家屋が流失して溺死者が出るなど、自然災害が頻発する。（吾妻鏡）

38 文応元年（一二六〇）七月一六日

日蓮《にちれん》が『立正安国論《りっしょうあんこくろん》』を北条時頼に提出する。『立正安国論』は、法華

北条長時
（一二三〇〜一二六四）重時の子。赤橋流。文永元年（一二六四）に出家して、執権を辞職。まもなく病死した。

陰陽師
古代中国の陰陽五行説に基づいて、易占や呪術を行う宗教者。はじめて鎌倉に職業陰陽師を招いたのは三代将軍実朝の時。それ以前の陰陽に関する祈禱は京都の陰陽師に依頼した。

松葉ヶ谷の法難
念仏者が松葉ヶ谷の草庵にいた日蓮を襲撃したとする事件。

将軍	宗尊親王
執権	長時
天皇	後深草 ＜59.11 亀山

経の信仰や念仏の禁止による国土の安穏を説いたもの。日蓮は、宿屋《やどや》西信を介して、『立正安国論』を前執権で得宗の北条時頼に提出するが、日蓮の献策は幕府に受け入れられなかった。この後、日蓮は、松葉ヶ谷《まつばがやつ》の草庵を襲撃され（*松葉ヶ谷《まつばがやつ》の法難《ほうなん》）、翌年五月には、伊豆国の伊東に流される。（日蓮上人註画讃《にちれんしょうにんちゅうがさん》）

39 弘長元年（一二六一）四月二三日

北条時宗が堀内殿（安達義景《あだちよしかげ》の娘）と結婚する。時宗は、正嘉元年（一二五七）二月二六日に、将軍宗尊親王の御所で元服している。なお正月四日に、北条時頼は、子息の序列を「太郎時宗—四郎宗政—三郎*時輔《ときすけ》—七郎宗頼」と定めており、時宗（母は北条重時《しげとき》の娘）は、時頼の後継者として、異母兄の時輔より上位に位置付けられる。堀内殿の兄は、時頼政権を支えた*安達泰盛《あだちやすもり》。（吾妻鏡）

『日蓮上人註画讃』（松葉ヶ谷の法難の場面・安國論寺蔵）より

北条時輔
（一二四八～一二七二）時頼の子。時宗の異母兄。文永元年（一二六四）から六波羅探題を務めたが、文永九年（一二七二）の二月騒動で、北条義宗により殺害された。

安達泰盛
（一二三一～一二八五）安達義景の子。評定衆、引付頭人、越訴《おっそ》奉行、御恩奉行などを歴任し、大きな政治力を持った。時宗死後は、弘安徳政を主導したが、平頼綱と対立して、弘安八年（一二八五）の霜月騒動で一族とともに滅亡した（三章14参照）。

宗尊親王
長時
亀山

40

弘長二年（一二六二）二月二十七日

*叡尊《えいそん》が鎌倉に到着する。西大寺流律宗の叡尊は、*金沢実時《かねざわさねとき》の要請で鎌倉に下向し、西御門の天野景村《あまのかげむら》の宿所に入る。実時は、叡尊と面会して、在家の身で弟子となることと叡尊の*称名寺《しょうみょうじ》滞在を申し出る。叡尊は称名寺滞在を固辞して、新清涼寺釈迦堂を居所とする。三月三日、叡尊は釈迦堂で説法《せっぽう》を行い、実時一族や北条時頼の妻（重時の娘）らが聴聞する。八日、叡尊は、最明寺を訪れて、時頼と対面する。なお文永四年（一二六七）には叡尊の弟子*忍性《にんしょう》が開山として極楽寺に入ることになる。

（関東往還記《かんとうおうかんき》、性公大徳譜《しょうこうだいとくふ》）

叡尊
（一二〇一～一二九〇）西大寺流律宗の僧。奈良の西大寺を拠点として、戒律復興運動を展開した。

金沢実時
（一二二四～一二七六）北条実泰（義時の子）の子。北条時頼の信任厚く、幕府政治の中枢で活動。学問を好み、和漢の書を積極的に収集して、金沢文庫を設立した。

称名寺
金沢実時が両親の菩提を弔うために、武蔵国六浦荘（現横浜市金沢区）に創建した寺院。律宗の寺院として整備されていった。

忍性
（一二一七～一三〇三）鎌倉時代、真言律宗の僧。極楽寺の開山となり、貧民救済のため、悲田院、施薬院などの療養施設を開設。長谷の桑ヶ谷療養所では粥の炊き出しなどを行った。道路や橋、井戸の修築など土木事業にも尽力した。

将軍	宗尊親王
執権	長時
天皇	亀山

41 文永三年（一二六六）七月四日

宗尊親王が将軍を廃され、京都に送還される。宗尊の妻近衛宰子と護持僧良基《りょうき》の密通事件を受けて、六月二〇日に時宗邸で、北条時宗・北条政村・金沢実時・安達泰盛による「深秘の御沙汰」が行われる。二三日には、鎌倉で騒動。七月四日に、*名越教時《なごえのりとき》は軍兵数十騎を率いて宿所に駆けつけ、時宗に制せられる。宗尊は、四日に鎌倉を出発して、二〇日に京都に到着する。七月二四日、宗尊の子惟康《これやす》親王が将軍に任官する。

（吾妻鏡）

名越教時
（一二三五～一二七二）北条朝時の子。宗尊親王と親しい関係にあり、反得宗勢力と目され、文永九年（一二七二）の二月騒動で、兄の時章《ときあき》とともに殺害された。

惟康親王 66.7
政村 64.8
亀山

1 文永五年（一二六八）三月五日

北条時宗《ときむね》が第八代執権に、北条政村《まさむら》が連署《れんしょ》となる。この年、一月、高麗《こうらい》の使節潘阜《はんぷ》が大宰府に到着し、蒙古の国書を届けた。閏一月この国書は幕府にもたらされる。北条時頼の死後、嫡男の時宗はいまだ一四歳であったため、暫定的な人事として、長老の政村が執権、時宗が連署となっていたが、この異国襲来に対する危機管理のため、一八歳になった時宗と政村を交代する人事刷新を行ったのである。

（将軍執権次第《しょうぐんしっけんしだい》）

2 文永八年（一二七一）九月一二日

日蓮が*龍《たつ》ノ《の》口《くち》の法難後、佐渡へ配流となる。日蓮は、忍性を批判したことで、逆に忍性から「日蓮は武器を蓄え凶徒を集めている」と告発されていた。*御内人《みうちびと》平頼綱《たいらのよりつな》らは、日蓮の草庵を襲い捕縛し、龍ノ口（藤沢市片瀬）まで連行した。この日、処刑されるはずであったが、御家人が刀を振り上げると、光り物が飛んでくるという奇瑞によって執行は中止となり、赦されて佐渡へ配流となったという。

（日蓮上人註画讃）

龍ノ口の法難

龍ノ口法難の刑場跡が残る龍口寺

御内人
得宗の家臣。その筆頭を内管領《うちかんれい》と呼ぶ（14脚注参照）。得宗専制体制が強化されるにつれて権勢をふるった。

将軍	惟康親王
執権	68.3 時宗
天皇	亀山

3 文永九年（一二七二）二月一五日

二月騒動おこる。幕府は、二月一一日、名越時章《なごえときあき》と弟教時《のりとき》を殺害する。さらにその四日後、京都では、時宗の庶兄で六波羅探題南方の北条時輔《ときすけ》が討たれた。しかし、騒動後に、名越時章は無罪として、逆に討手が斬罪になっている。日蓮が「国内に叛逆が起こる難」と予言したのはこの事件といわれる。事件の真相は謎につつまれている。（関東評定衆伝）

4 文永一一年（一二七四）一一月一日

幕府は、この日、中国・四国の守護に蒙古軍との戦闘への動員を命じた。去る一〇月二〇日、元・高麗連合軍は、すでに博多湾に上陸していた（＊文《ぶん》永《えい》の役）。幕府は非御家人にも動員を命じたが、上陸した元軍は、集団戦法で幕府軍を翻弄する。夕方、日本側は博多を放棄して撤退するが、夜、元軍もまた突然撤退した。（八幡愚童訓《はちまんぐどうくん》）

文永の役

『蒙古襲来絵巻』（宮内庁三の丸尚蔵館蔵）より

惟康親王

時宗

亀山　74.1　後宇多

5 建治元年（一二七五）九月七日

杜世忠《とせいちゅう》*ら元使五人が藤沢龍ノ口で処刑される。文永の役の後、元は使節を派遣し、日本の服属を求めたが、その使節を殺害したことで、再度の元軍襲来は避けられなくなった。時宗は、博多湾の沿岸防衛のため石築地《いしついじ》*建造を九州の御家人に命じた。

（鎌倉年代記、深江文書）

6 建治元年（一二七五）八月一二日

肥後国御家人竹崎季長《たけざきすえなが》が、蒙古襲来の恩賞を求めて、直訴《じきそ》のため鎌倉に到着する。まず鶴岡八幡宮に武運を祈願した後、方々の奉行に面会を求めるが、ようやく御恩奉行の安達泰盛《あだちやすもり》に面会がかなうのは二ヶ月後の一〇月三日となる。懇願の結果、季長は領地拝領の下文《くだしぶみ》を獲得する。後に、季長は、蒙古襲来での奮戦とともにこの鎌倉滞在のことを描いた絵巻物をつくらせる。

（蒙古襲来絵巻《もうこしゅうらいえまき》）

杜世忠
文永の役の翌年、元の使いとして送られた役人。長門国室津に上陸すると、捕らえられ大宰府に送られた。その後鎌倉へと護送され、龍ノ口で斬首された。

石築地
蒙古軍の襲来にそなえて、建治二年（一二七六）から博多湾周辺に築造が開始された。九州各国の御家人に分担して築造させ、築地は高さ三メートル、東西二〇キロにおよんだ。

石築地

将軍	惟康親王
執権	時宗
天皇	後宇多

7 建治三年（一二七七）一〇月

阿仏尼《あぶつに》が訴訟のために鎌倉へ下向する。阿仏尼は、歌人*藤原為家《ためいえ》との間に為相《ためすけ》をもうけていた。為家の死後、播磨国細川荘の地頭職をめぐり、為相と異母兄二条為氏《ためうじ》との間に相続争いがおきる。阿仏尼は幼い為相の代理として、裁判のために鎌倉に下向したのである。阿仏尼は*月影《つきかげ》が谷《やつ》（極楽寺付近）に滞在して裁判に臨むが、裁判は長期にわたり、阿仏尼の死後、正和二年（一三一三）に、ようやく為相勝利の決着となる。（十六夜日記《いざよいにっき》）

藤原為家

和歌の家の中で藤原俊成、定家にはじまる家系を御子左家《みこひだりけ》といい、藤原為家は、その直系にあたる。さらに為家の子の代で、「二条」「京極」「冷泉」の三家に分家した（左系図参照）。阿仏尼の子為相は冷泉家を興こす。

俊成—定家—為家—為氏〈二条〉
　　　　　　　　├為教〈京極〉
　　　　　　　　└為相〈冷泉〉

月影が谷

月影地蔵（阿仏尼は月影が谷に滞在したといわれる。この地について「浦ちかき山もとにて風いとあらし。山寺（極楽寺）のかたはらなれば、のどかにすごくて、浪のおと、松の風たえず」と評している）

惟康親王
時宗
後宇多

8 弘安二年（一二七九）八月二〇日

＊無学祖元《むがくそげん》が来日し、建長寺の住持《じゅうじ》となる。蘭渓道隆《らんけいどうりゅう》の死後、執権時宗は、蘭渓の弟子無及徳詮《むきゅうとくせん》・傑翁宗英《けつおうそうえい》を中国へ派遣し、高僧を招聘《しょうへい》した。この要請をうけて、祖元の来日となった。時宗は、弟子の礼をもって祖元を迎え、その後、絶えず参禅する。

（円覚寺文書）

9 弘安四年（一二八一）閏七月九日

幕府は、蒙古襲来に備えて、寺社や公家の荘園の荘官を軍事動員する許可を朝廷に申請した。しかし、この時すでに、閏七月一日、暴風雨のため、元軍は甚大な被害を受け撤退していた（弘安《こうあん》の役）。幕府は元軍撤退の報告を聞いても要求を取り下げず、要請を繰り返したため、朝廷は幕府の要求どおり、七月九日にさかのぼって二〇日付で宣旨を下した。蒙古襲来を機に、また、幕府の権限が拡大したことになる。

（弘安四年日記抄、八幡愚童訓）

無学祖元

（一二二六～一二八六）宋の禅僧。北条時宗の招請によって来日。蘭渓道隆のあとをうけて建長寺第五代長老となる。時宗は祖元を開山として円覚寺を建立。祖元は時宗の死後も鎌倉にとどまり弘安九年（一二八六）死去、建長寺に葬られた。死後、仏光禅師の号を贈られる。

無学祖元（仏光禅師）像（円覚寺蔵）

将軍	惟康親王
執権	時宗
天皇	後宇多

10 弘安五年（一二八二）三月一日

＊一遍《いっぺん》が鎌倉入りを拒否される。一遍一行は、常陸・武蔵を経て、鎌倉の北の入り口巨福呂坂《こぶくろざか》（北鎌倉付近）から鎌倉に入ろうとした。しかし、木戸で執権時宗に出会い阻止された。一遍らは、山中で野宿すると、藤沢片瀬浜で四ヶ月間にわたり布教した。一遍の踊り念仏に貴賤は雨の如くに参詣し、道俗は雲の如く群集し、布教は大成功に終わる。（一遍上人絵伝）

11 弘安五年（一二八二）一二月八日

蒙古襲来の戦没者供養のため、執権時宗が、鎌倉の山ノ内の地に＊円覚寺《えんがくじ》を建立する。開山は無学祖元。翌年には、寺領として尾張国富田荘（愛知県名古屋市）を寄進するなど手厚い保護をあたえている。（円覚寺文書）

一遍
（一二三九～一二八九）時宗《じしゅう》の開祖。伊予（愛媛県）の豪族河野氏の出身。正応二年（一二八九）八月二三日に神戸和田岬観音堂で生涯を終えるまで、北は奥州から南は九州まで全国各地をまわった。

一遍鎌倉入り（『一遍上人絵伝』清浄光寺蔵）

円覚寺
寺名の由来は、起工の際、地中から「円覚経」を納めた櫃が掘り出されたという伝承による。

惟康親王
時宗
後宇多

12 弘安七年（一二八四）五月二〇日

幕府は、新式目三八箇条を制定する。前半一八箇条は、寺社領に関する項目から始まり、学問や武道の奨励、僧や女人の政治介入禁止、倹約実行、過分の進物や造作の禁止、臨時*公事《くじ》の停止等、為政者の心得を、後半二〇箇条は、幕府のとるべき施策をあげており、屏風絵や障子絵などの贅沢《ぜいたく》禁止や、武士でない者が鎌倉市中で騎馬することを禁じる等、生活細部にわたる統制内容が定められた。

（新式目）

13 弘安七年（一二八四）七月七日

四月に北条時宗の死後、三ヶ月間空位となっていた執権の座に嫡子で十四歳の北条貞時《さだとき》がついた。時宗急死の報に、六波羅北方であった一族の長老時村は、急ぎ鎌倉へ向かったが三河で追い返された。また、六波羅南方時国《ときくに》は、鎌倉に召還されるが鎌倉入りを許されず、佐渡に配流となり、後に謀殺された。こうした複雑な事情の中で、貞時執権就任を主導したのは、貞時の外祖父で有力御家人の安達泰盛《あだちやすもり》といわれる。

（関東評定衆伝）

公事
領主が領民に課した臨時の年貢のこと。諸行事などの際に課せられた。

将軍	惟康親王
執権	貞時 84.7 ／ 84.4
天皇	後宇多

14 弘安八年（一二八五）一一月一七日

霜月《しもつき》騒動おこる。安達泰盛と嫡子宗景《むねかげ》が、内管領《うちかんれい》平頼綱《よりつな》の攻撃をうけて滅びる。鎌倉市中は戦乱に包まれ、将軍御所も炎上する。安達一族の他、有力御家人約五百名がこの戦乱で戦死したという。泰盛の女婿であった*金沢顕時《あきとき》も、この事件に連座して上総国に配流となった。また、九州でも岩《いわ》門《と》合戦で泰盛の子盛宗《もりむね》や少弐《しょうに》景資《かげすけ》が討伐される。

（梵網疏日珠鈔、保暦間記《ほうりゃくかんき》）

15 正応二年（一二八九）三月

『とはずがたり』の作者*後深草院二条《ごふかくさいんにじょう》が、鎌倉を訪れる。後深草上皇などの寵愛をうけ華麗な恋愛遍歴を経た二条であったが、退出後、西行にあこがれての旅路であった。鎌倉での二条は、鶴岡八幡宮をはじめ市中の寺社を参詣し、京都の寺社と比較する。八幡宮の放生会《ほうじょうえ》や、惟康《これやす》親王の惨めな帰洛と対照的な久明《ひさあきら》親王の鎌倉入りを見学した後、年末、善光寺へ向けてふたたび旅立つ。

（とはずがたり）

内管領
北条得宗家の執事の通称。北条氏の家臣の統括とともに、侍所の所司（次官）として、後期の幕政に多大な影響を与えた。

金沢顕時
（一二四八～一三〇一）金沢実時の子。安達泰盛の婿であったことから配流となるが、平禅門の乱（17参照）後、永仁元年（一二九三）に政界復帰。

金沢顕時像（金沢文庫蔵）

後深草院二条
（一二五八～？）後深草院に仕え、西園寺《さいおんじ》実兼《さねかね》、上皇の弟性助法親王、鷹司《たかつかさ》兼平《かねひら》との恋愛遍歴を重ねる。院を退出後、東国の旅に出る。

惟康親王
貞時
伏見 87.10 後宇多

16 正応二年（一二八九）九月一四日

惟康親王が、将軍廃位となり京都に送還される。鎌倉を出立する際には、みすぼらしい網代《あじろ》車に罪人のようにさかさまに乗せられ、惨めな姿で帰洛した。親王は道中、輿《こし》の中で涙をぬぐい、鼻をかむ音が外までしきりに聞こえ、供奉の武士たちの涙を誘ったという。交代して、*持明院統《じみょういんとう》の後深草上皇の子久明親王が将軍となった。

（増鏡《ますかがみ》、とはずがたり）

17 永仁元年（一二九三）四月二二日

霜月騒動の後、北条貞時の命により、幕府の実権を掌握していた内管領平頼綱の館が襲撃され、頼綱は自害、子の飯沼資宗《すけむね》も討たれた（平禅門の乱）。発端は、頼綱の嫡子宗綱《むねつな》が、「父頼綱が兄資宗を将軍としようと企んでいる」と貞時に密告したためといわれるが、真相は定かではない。

（実躬卿記《さねみぎょうき》）

持明院統
大覚寺統と対立した皇室の系統。八八代後嵯峨上皇が、後深草天皇の弟亀山天皇の子孫にも皇位を継承するよう遺言したため、後深草天皇と亀山天皇の兄弟間で対立が起きた。後深草天皇に連なる系統が持明院統、亀山天皇に連なる系統を大覚寺統という。鎌倉期には、両統で交互に皇位についた（両統迭立《てつりつ》）。

将軍	89.10 久明親王
執権	貞時
天皇	伏見

18 永仁二年（一二九四）一月

北条貞時が禅僧に対する禁制を定めた。一二箇条からなり、僧は身分証明書を携行することの他、夜間外出や外泊、無断外出、僧が尼寺に入ること、日本の衣を着ること等が禁止とされ、日常生活の細部にわたり、禅僧を厳しく統制する。

（円覚寺文書）

19 永仁四年（一二九六）

北条貞時が*覚園寺《かくおんじ》を建立する。この寺は、建保六年（一二一八）北条義時が戌《いぬ》神将の霊夢に感じて創建した大倉薬師堂を前身とする。義時はこの戌神将によって実朝暗殺時に災難を免れたという。貞時は、再度の元軍の来襲を退けることを祈願して、心慧《しんえ》上人を開山とし、鷲峰《じゅぶせん》山覚園寺と寺号を定め、荘厳な堂や塔も建立される。

（覚園寺文書）

覚園寺薬師堂

覚園寺は北条貞時開基の寺

久明親王
貞時
伏見

20 永仁五年（一二九七）三月六日

永仁の徳政《とくせい》令を定める。幕府は、困窮する御家人を救済するため、御家人が所領を売却したり、質入れすることを禁止するとともに、すでに売買したり、質流れした土地を無償で御家人に返還させた（除外規定はあり）。その他、訴訟増加を抑制するために越訴《おっそ》（再審）の禁止や、金銭関係の訴訟を幕府はとりあげないことも定められる。御家人はこれによって、かえって金融の道が閉ざされ、抜本的な解決にはいたらなかった。

（新式目）

21 正安元年（一二九九）一一月八日

浄光明寺の本尊阿弥陀三尊坐像が造立《ぞうりゅう》された。浄光明寺は、北条長時の発願で建長三年（一二五一）開創された。開基は真阿《しんあ》。中尊は阿弥陀如来、脇侍《わきじ》は観音・勢至《せいし》菩薩で、中尊には鎌倉地方特有の土紋《どもん》が残る。解体修理の際、発見された胎内《たいない》文書によって、この年、長時の孫久時の発願で三尊像が造立されたことが判明した。

（胎内文書）

徳政
本来は仁政を意味する。永仁の徳政令以降、債権・債務の破棄令も意味するようになる。

土紋
大陸直伝の珍しい仏像装飾の技法で、土を練って型どりをし、着衣などの文様を連続して貼り付けたもの。浄光明寺のものが最古。

将軍	久明親王	
執権	貞時	
天皇	伏見	98.7 後伏見

22 正安三年（一三〇一）八月

北条貞時が、円覚寺の*梵鐘《ぼんしょう》を鋳造させる。総高二メートル六〇センチにおよぶ鎌倉一の大きな梵鐘である。鐘銘《しょうめい》は、円覚寺住持西澗子曇《せいかんしどん》が撰じた。造立大工は物部国光《もののべのくにみつ》で、この頃、国光をはじめ物部姓の鋳物師《いもじ》らが、建長寺をはじめ金沢の称名寺《しょうみょうじ》、相模国国分寺等、関東各地に多く梵鐘をつくっている。（鐘銘）

23 嘉元三年（一三〇五）四月二三日

連署北条時村が殺害される（嘉元《かげん》の乱）。事件の張本人は北条時宗の弟宗頼《むねより》の子宗方《むねかた》である。宗方は伯父時宗の猶子となり、侍所所司と内管領を兼ねていた。宗方は、貞時の命令と称して御家人らを動員して時村を討ったのであるが、貞時はこれを虚言として、逆に討手となった御家人ら一二人が斬首となり、宗方も討たれた。宗方は、自分よりもさきに従兄弟の師《もろ》時《とき》が第一〇代執権に就任したことに不満をもち、師時や長老時村らを殺害しようとした事件だといわれる。（保暦間記）

円覚寺梵鐘

08.8 久明親王
師時 01.8
08.8 後二条 01.1

24 延慶元年（一三〇八）八月四日

将軍久明親王帰京、かわって子の守邦《もりくに》王が鎌倉へ下向する。惟康親王の帰洛と入れ替わり将軍となった久明親王は、在位一三年で退位することになった。守邦王は、八月一〇日将軍に任じられ、九月一九日に親王宣下となる。守邦王の親王宣下のこの日、花園天皇の皇太子には大覚寺統の尊治《たかはる》親王（後の後醍醐天皇）が選ばれる。

（将軍執権次第、保暦間記）

25 延慶元年（一三〇八）八月

引付《ひきつけ》奉行人平政連《まさつら》が、北条貞時に諫言《かんげん》する。政連は、貞時に、評定《ひょうじょう》への出席と決裁を自ら行い、酒宴や過差《かさ》（ぜいたく）を慎む等を記した諫書を提出した。この諫書から、貞時は執権を師時《もろとき》に譲ってから、享楽的な日々をおくっていたことがうかがえる。諫言の効果は定かではない。

（平政連諫草）

将軍	守邦親王
執権	師時
天皇	花園

26 延慶元年（一三〇八）一一月二二日

北条貞時の申請によって、建長寺・円覚寺を定額寺《じょうがくじ》とする。定額寺になったことによって、両寺は、北条氏の私寺から、官寺に準じる寺格となり、これがのちの鎌倉五山*の制度の先駆となる。

（円覚寺文書）

27 正和五年（一三一六）七月一〇日

北条高時が執権となる。応長元年（一三一一）北条貞時が死去した時、嫡子の高時はまだ九歳であった。貞時は、得宗高時の後見を、内管領長崎*円喜《えんき》と安達時顕《ときあき》（高時の舅）に託した。その後、執権は北条一族の大佛《おさらぎ》宗宣《むねのぶ》、熙時《ひろとき》、基時《もととき》と推移したが、これはあくまで高時の成長を待っての暫定的な措置であった。高時が一四歳となったこの年、正式に執権として就任したのであるが、政務の実権は、長崎氏らが掌握することになる。

（関東評定衆伝）

鎌倉五山
五山制度はもともと中国南宋のもので、禅寺を格付けして官が任命した住持を順次上位の寺に昇任させる制度。鎌倉五山は一位から建長寺、円覚寺、壽福寺、浄智寺、浄妙寺となる。五山の僧は漢詩文をよくし、鎌倉時代後期や南北朝期を中心に数多くの作品を残し、それらは「五山文学」と称される。

長崎円喜
（?～一三三三）北条高時の執権就任と同時に内管領となる。子高資《たかすけ》とともに幕府の実権を掌握する。鎌倉幕府滅亡時に自刃。

守邦親王
北条高時 16.7 基時 15.8 熙時 12.6 大佛宗宣 11.9
花園

28 文保元年（一三一七）四月九日

幕府は、皇位をめぐり対立していた持明院統と大覚寺統に対して、仲裁案を提案する。後嵯峨上皇の子、兄後深草天皇からはじまる持明院統と、弟亀山天皇からはじまる大覚寺統との間で、皇位継承の争いは長期化していた。幕府は、この日、使節摂津親鑒《せっつちかあきら》を派遣し、「皇位については両統でよく相談して決めてほしい」と伝えたが、後宇多《ごうだ》法皇は納得せず、幕府の仲裁を求めたので、今後の皇太子の順序を示唆することになる。仲裁は不調に終わるが、後にこの時の交渉を「文保《ぶんぽう》の和談《わだん》」と呼ぶ。

（花園天皇日記）

29 元亨三年（一三二三）一〇月二六日

北条貞時の一三回忌が円覚寺で行われる。施主は北条高時。導師が京都から下向し、盛大な供養が行われた詳細な記録が残されている。供養記によれば、一三回忌供養の一環として法堂《はっとう》*の落慶供養を行い、それに参加した寺院は三八カ寺僧二千人にも達している。法堂をはじめ、この一三回忌にあわせ、円覚寺や建長寺の伽藍《がらん》も整備される。

（供養記）

法堂
禅寺で教義を講話するための堂。

将軍	守邦親王	
執権	北条高時	
天皇	花園	18.2 後醍醐

30 元亨四年（一三二四）九月二三日

六波羅探題への密告により、倒幕計画が発覚する（正中《しょうちゅう》の変）。後醍醐天皇は、この日、釈明のために、勅使万里小路宣房《までのこうじのぶふさ》を鎌倉に派遣する。一〇月には、倒幕計画に参加した*日野資朝《ひのすけとも》・俊基《としもと》らが鎌倉に護送される。翌年、日野資朝は佐渡に配流となる。後醍醐天皇は、宣房の告文によって罪に問われず、虎視眈々《こしたんたん》と次の機会をうかがうことになる。

（藤島神社文書・花園天皇日記）

31 正中二年（一三二五）七月一八日

建長寺造営費用を捻出するため、元へ建長寺船が派遣された。蒙古襲来後も、民間での日元貿易は継続していた。これらは寺社の運営を名目としており前々年には、*東福寺造営のため貿易船が元へ向かったが、積荷とともに韓国新安沖で遭難し、二〇世紀まで海底に沈むことになる。

（中村文書）

日野資朝・俊基
いずれも後醍醐天皇の親政に参加し、討幕計画に加わった公卿。日野家は代々天皇に仕える名家。資朝の父俊光は持明院統の重臣であったので、大覚寺統の後醍醐天皇に従った資朝に怒り、親子の縁を切ったといわれる。

東福寺
京都市東山区にある臨済宗の大本山。奈良東大寺と興福寺から一字ずつとって名づけられたといわれる。創建は嘉禎二年（一二三六）で開山は円爾《えんに》（聖一国師）。

守邦親王
金沢貞顕 26.2
北条高時
後醍醐

32 嘉暦二年（一三二七）八月

*夢窓《むそう》疎石《そせき》が瑞泉院《ずいせんいん》を建立する。疎石は、かつて建長寺・円覚寺で一山一寧《いちざんいちねい》に参禅したこともあったが、その後、甲斐・美濃・京・土佐と転々とすごしていた。北条高時の母覚海尼《かくかいに》が、疎石の高名を聞き、懇請して鎌倉に遇する。その後、まもなく、疎石は後醍醐天皇に招かれて、京都の南禅寺《なんぜんじ》に滞在するが、再度、高時の懇請で鎌倉に入り、このたび二階堂の地に瑞泉院を建てる。これが瑞泉寺の源となる。翌年、疎石は、寺域にあらたに観音殿や山頂に偏界一覧亭《へんかいいちらんてい》をもうける。

（夢窓疎石年譜）

33 元弘元年（一三三一）五月五日

吉田定房《さだふさ》の密告により、再度、後醍醐天皇の倒幕計画が発覚した。元弘《げんこう》の変である。後醍醐天皇は御所を脱出するが捕えられ、翌年、隠岐に配流となる。日野俊基も、葛原ヶ岡《くずはらがおか》で処刑され、日野資朝も配流先の佐渡で処刑される。

（花園天皇日記・増鏡・太平記）

夢窓国師

夢窓国師像（瑞泉寺蔵）

将軍　守邦親王
執権　26.4　赤橋守時
天皇　後醍醐

34 元弘元年（一三三一）八月六日

北条高時が、*長崎高資《ながさきたかすけ》の討伐を謀るが失敗におわる。

（保暦間記）

35 元弘三年（一三三三）五月二二日

新田義貞らが鎌倉を攻撃し、鎌倉幕府が滅亡する。義貞は、五月八日、上野国生品《いくしな》神社で挙兵し、一八日には鎌倉に迫り、極楽寺・化粧坂・山内三方から攻撃する。一八日から市中では激戦が展開していたが、二一日義貞は*稲村ヶ崎から市内に突入し、二二日、得宗北条高時はじめ一族は、*東《とう》勝《しょう》寺《じ》で自害し、北条氏は滅亡する。

（由良文書・太平記）

長崎高資
27脚注参照。

稲村ヶ崎
『太平記』では新田義貞は潮の引いた稲村ヶ崎の波打ち際を通り鎌倉市中に攻め入ったとある。

稲村ヶ崎

東勝寺

東勝寺北方の腹切りやぐらは、北条高時の遺骨を埋めたという伝承がある。

守邦親王
赤橋守時
後醍醐　33.5　光厳　31.9　後醍醐
後醍醐

36

元弘三年（一三三三）一二月一四日

　足利直義《ただよし》が成良《なりよし》親王を奉じて鎌倉に下向する。鎌倉幕府滅亡後、足利尊《たか》氏《うじ》の嫡子千手《せんじゅ》王（後の義詮《よしあきら》）が鎌倉に入り、二階堂の別当坊で軍勢を統括し、新田義貞も足利氏に野心のないという起《き》請《しょう》文《もん》を提出していた。しかし、幼少の千手王では心細いと、この日、四歳の後醍醐天皇の皇子成良親王を奉じて、尊氏の弟直義が鎌倉に入ったのである。

（梅《ばい》松《しょう》論《ろん》・武家年代記裏書）

将軍	守邦親王
執権	赤橋守時
天皇	後醍醐

第二部 鎌倉公方の盛衰

第二部の概要

第二部は、建武元年（一三三四）後醍醐天皇の皇子護良《もりよし(もりなが)》親王鎌倉配流から、豊臣秀吉が北条氏を滅ぼし鎌倉入りをはたす天正一八年（一五九〇）までを収める。

後醍醐天皇の親政（建武の新政）開始以後、すでに政権の中枢は鎌倉から京都へ戻っていた。しかし、武家政治復活をめざす足利尊氏は、建武三年（延元元・一三三六）に光明天皇を擁立した後でも、いまだ政権の本拠地を鎌倉にするか京都にするかで迷っていた。是円《ぜえん》兄弟に尊氏が諮問した建武式目《けんむしきもく》でも、「鎌倉もとの如く柳営《りゅうえい》（幕府の所在地）たるべきか」と問うている。その問いの回答は、「政権の興亡は所在地ではなく為政者のあり方によるものであり、人々が望む地に従うべきだ」であった。尊氏は、最終的に京都に幕府を開くことを決断するが、南北朝期、それでも鎌倉は依然東国支配の要地であった。

貞和五年（正平四・一三四九）尊氏の嫡子義詮《よしあきら》に代わって、義詮の弟基氏《もとうじ》が鎌倉に下向し、上杉憲顕《のりあき》らが執事として補佐することになった。これ以後、基氏の子孫が鎌倉公方《くぼう》に、上杉氏が関東管領《かんれい》にという鎌倉府の体制がととのえられるのである。鎌倉府の体制が確立するにつれて、京都の将軍と鎌倉府の鎌倉公方との確執が深刻になってくる。基氏から続く代々の鎌倉公方は、将軍の地位を狙い、京都の反将軍勢力と結んでその機会を虎視眈々とうかがっていた。両者の緊張関係は、永享一一年（一四三九）鎌倉公方足利持氏《もちうじ》が将軍義教《よしのり》に敗北する（永享《えいきょう》の乱）まで持続するのである。

永享の乱後しばらくして、持氏の子成氏《しげうじ》が空位になっていた鎌倉公方として鎌倉に下向するが、すでに長期にわたる政争で鎌倉公方としての権限は有名無実に近い状態にあった。関東管領の上杉氏は、山内《やまのうち》・犬懸《いぬかけ》・扇谷《おうぎがやつ》・宅間《たくま》の四家に分裂し、さらに山内上杉家の被官長尾《ながお》氏や扇谷上杉家の被官太田氏も台頭し、それぞれに分裂抗争を繰り返すにいたった。享徳三年（一四五四）十二月足利成氏が、対立する山内上杉家の憲忠《のりただ》を謀殺したのを機に、鎌倉公方と上杉軍との関係はとうとう決裂し（享徳《きょうとく》の乱）、関東は大動乱の時代に突入する。戦乱の中で足利成氏は下総国古河《こが》へ本拠を移す（古河公方）。幕府は、成氏に代わる鎌倉公方として、将軍義政の異母兄政知《まさとも》を鎌倉に下向させるが、政知は鎌倉入りすらはたせず伊豆国堀越《ほりごえ》に留まった（堀越公方）。

諸権力が錯綜する鎌倉を最終的に制圧したのは、北条早雲《そううん》（伊勢長氏《ながうじ》）であった。早雲は、堀越公方を滅ぼすと、小田原城を拠点としてその勢力の拡大を図った。早雲は、同じく相模国西部まで勢力を伸長しようとしていた三浦氏を滅ぼすことによって、相模国全域をほぼ掌中にする。早雲の死後、北条氏は、氏綱《うじつな》・氏康《うじやす》と代々順調に領国経営を関東一円に伸張するのだが、氏政《うじまさ》・氏直《うじなお》の代にいたって豊臣秀吉に敗北した。

こうして中世後期、さまざまな戦乱に遭遇するなかで、鎌倉はしだいに武家の都としての機能を失っていった。しかし、政権掌握をめざす武将たちにとって、いまだ武家政権のシンボルである鎌倉は特別な意味をもっていたのである。鎌倉を掌握した代々の武将は、武家政権の紐帯である鶴岡八幡宮を崇敬した。北条早雲が鎌倉入りをはたした際には、「枯るる樹に　また花の木を植えそへて　もとの都になしてこそみめ」と戦乱で荒廃した鎌倉の復興をめざす抱負を詠じている。そして、父早雲から鎌倉支配を継承した氏康は、まず鶴岡八幡宮造営に本格的に着手した。山内上杉家を継承した越後の戦国大名上杉謙信（景虎《かげとら》）は、すでに二年前に上杉憲政《のりまさ》の養子として関東管領に就任することが決定していたにもかかわらず、鶴岡八幡宮神前での拝礼式にこだわり、永禄四年（一五六一）鎌倉に数日間滞在して式にのぞんでいる。また、謙信の養子となった氏康の子北条氏秀《うじひで》（景虎）は、謙信の死後、上杉景勝《かげかつ》と嗣立を争うのだが（御館《おたて》の乱）、この時、遙か越後国から書状で、鶴岡八幡宮に「怨敵《おんてき》退散」を祈願したのであった。最終的に関東を制圧した秀吉は、鎌倉入りをはたすと、早速、鶴岡八幡宮の修理を命じ、指図《さしず》（設計図）を作成させている。そして、その造営にあたったのは、江戸幕府を開く徳川家康であった。

（錦　昭江）

1 建武元年（一三三四）一一月一五日

*護良親王《もりよししんのう》が後醍醐天皇の命で鎌倉に流される。親王は鎌倉幕府の討幕に功績があったが、足利氏との抗争に敗れてその政治生命を失った。配流の理由は、謀叛を企てたというものであった。鎌倉では足利直義《ただよし》の監視下に置かれ、二階堂薬師《やくし》堂谷《どうがやつ》（鎌倉宮《かまくらぐう》付近）の東光寺《とうこうじ》に禁固の身となったと伝えられる。

（元弘日記裏書、鎌倉大日記、梅松論）

2 建武二年（一三三五）七月二五日

北条高時の遺児時行《ときゆき》が信濃国で反乱を起こし（中先代《なかせんだい》の乱）、武蔵女影《おなかげ》原《はら》（埼玉県日高市）・小手指原《こてさしはら》（埼玉県所沢市）・府中（東京都府中市）の諸戦で足利軍を撃破して、この日鎌倉に入る。これより先二二日に、足利直義は成良《なりよし》親王・足利義詮《よしあきら》（尊氏《たかうじ》の嫡子）とともに鎌倉を出て、東海道を西へ敗走する。直義はこの時、護良親王を殺させている。足利尊氏は後醍醐天皇の許可を待たず京都を発ち、東下して時行軍と戦い、八月一九日に鎌倉を奪回する。

（元弘日記裏書、鎌倉大日記、梅松論）

護良親王
（一三〇八〜一三三五）後醍醐天皇の皇子。鎌倉の地で非業の死を遂げる。親王の霊を弔うため、明治になって鎌倉宮（鎌倉市二階堂）が建てられた。

3 建武二年（一三三五）一一月八日

足利尊氏が鎌倉を出立し、後醍醐天皇が下した新田義貞《にったよしさだ》らの官軍を一一日に箱根・竹ノ下で破る。足利軍は西上し翌年正月に京都に入るが、官軍の攻撃を受け一ヶ月ほどで九州へ敗走する。しかし尊氏は軍勢を立て直して東上し、持明院統《じみょういんとう》の光厳《こうごん》上皇を奉じて六月一四日に入京。そののち後醍醐天皇との講和が結ばれ、一一月七日には*建武式目《けんむしきもく》によって新しい幕府の政治方針が定められる（室町幕府の成立）。

（建武式目、梅松論）

4 建武四・延元二年（一三三七）一二月二三日

吉野に逃れて南朝を開いた後醍醐天皇の命を受け、北畠顕家《あきいえ》が義良《のりよし》親王を奉じ陸奥より西上。この日、鎌倉を攻略する。顕家軍は翌年正月二日に鎌倉を発ち、同二八日に美濃国青野原《あおのがはら》（岐阜県大垣市）で幕府軍と戦い、伊勢へと転戦する。五月二二日、顕家は和泉石津《いしづ》（大阪府堺市）の戦いにおいて幕府執事 *高師直《こうのもろなお》の軍に敗れ、討死する。その二ヶ月後に、越前藤島《ふじしま》（福井県福井市）の戦いで新田義貞も敗死する。

（鶴岡社務記録、元弘日記裏書）

建武式目
室町幕府が示した施政要綱。是円兄弟が、尊氏の諮問に答える形になっている。倹約や守護任命の心得、裁判の公正など、一七条を定めた。

高師直
（?～一三五一）。足利尊氏の執事。高階氏。武蔵・上総守護。足利直義と反目を深め、一族もろとも武庫川で討たれた（7参照）。

光明 36.8
後醍醐

5 貞和五・正平四年（一三四九）一〇月三日

足利氏による関東支配のために鎌倉に置かれていた足利義詮が京都に向けて出発し、二二日に入京する。高師直との軋轢《あつれき》の末に、足利直義は義詮に政務を譲り出家する。義詮と入れ替わりに、その弟基氏《もとうじ》が鎌倉へ下り（鎌倉公方《くぼう》の始）、関東執事として義詮の補佐をしていた*上杉憲顕《のりあき》・高師冬《もろふゆ》が引き続き基氏を支え、義詮以来の*鎌倉府の体制を固める。

（園太暦《えんたいりゃく》、師守記《もろもりき》、鎌倉大日記）

6 観応元年・正平五年（一三五〇）一二月二五日

足利基氏が高師冬《こうのもろふゆ》に擁され鎌倉を発つ。前年来、高師直と足利直義との対立を端緒として勃発した動乱が全国的に拡大し（観応《かんのう》の擾乱《じょうらん》）、師直・足利尊氏・同義詮と、直義との間で全面的な武力衝突を見るに至り、鎌倉でも師直派の高師冬と直義派の上杉憲顕が争った。憲顕が上野《こうずけ》に奔って挙兵すると、師冬は足利基氏を擁して対抗したが、二六日に基氏の身柄を憲顕方に奪われ敗北した。二九日、基氏は憲顕とともに鎌倉へ戻る。

（醍醐寺報恩院所蔵古文書録、園太暦、鎌倉大日記）

上杉憲顕
（一三〇六～一三六八）山内上杉氏の始祖。足利尊氏とは従兄弟の関係。尊氏の命によって鎌倉府の執事を務める。観応の擾乱によって尊氏と対立し、一時地位を追われるが、尊氏の死後、義詮・基氏兄弟の後援により、関東管領および越後・上野国の守護職に任ぜられる（12参照）。

鎌倉府
室町幕府が鎌倉に置いた統治機構。尊氏は、鎌倉に義詮のあとに基氏を置いて初代公方とし、関東管領・評定衆・引付衆・諸奉行を設置し、関東八カ国に伊豆・甲斐を加えた一〇カ国を管轄させた。

鎌倉公方	49.10	足利基氏
将軍	38.8	足利尊氏
天皇㊗北	48.10	崇光
天皇南	39.8	後村上

7 観応二・正平六年（一三五一）一一月一五日

足利直義が鎌倉に入る。これより先、摂津打出浜《うちでのはま》（兵庫県芦屋市）の合戦に敗れ出家した高師直が武庫川《むこがわ》で殺され、足利尊氏・義詮父子と直義との間では和平が結ばれた。しかしその和平は程なくして破れ、直義は京都を逃れ北国に赴き、転戦して鎌倉に入ったのである。尊氏は急遽南朝と講和を整え（*正平《しょうへい》の一統《いっとう》）、直義討伐の軍を起こして鎌倉に向かう。一二月二九日、直義は相模足柄山《あしがらやま》の戦に敗れて伊豆へ退く。（赤堀文書、町田文書、園太暦、鶴岡社務記録）

8 文和元・正平七年（一三五二）正月五日

足利尊氏が相模早河尻《はやかわじり》（小田原市）の戦いで直義を破り、この日、直義と和睦して鎌倉に入る。二月二六日、直義が浄妙寺《じょうみょうじ》西北の延福寺《えんぷくじ》で急逝する。直義の死で、尊氏と直義の対立には終止符がうたれたが、閏二月には、幕府と南朝との講和が破れ、新田義宗《よしむね》（義貞の子）と兄義興《よしおき》が宗良《むねよし》親王（後醍醐天皇皇子）を奉じて上野《こうずけ》に挙兵する。南朝軍は同一八日に鎌倉を攻略し、尊氏を武蔵狩野川《かのがわ》（横浜市）へと敗走させる。しかしその後、尊氏は諸戦で勝利を重ね、三月一二日に鎌倉を奪回する。（園太暦、常楽記、鶴岡社務記録、妙法寺記）

正平の一統
尊氏と南朝の講和により、北朝の天皇は廃され、年号は一時正平六年で統一される。

足利基氏
足利尊氏
崇光
後村上

9 文和二・正平八年（一三五三）七月二九日

足利尊氏が*畠山国清《はたけやまくにきよ》を関東執事とし、足利基氏に鎌倉の防備を命じてこの日鎌倉を出発する。これより先、南朝軍の京都占領により美濃垂井《たるい》（岐阜県不破郡垂井町）に逃れていた北朝後光厳《ごこうごん》天皇と足利義詮が尊氏の救援を求めており、尊氏の西上はこれに応じてのことであった。足利軍は、九月二一日に後光厳天皇を奉じ入京を遂げる。関東では、基氏が数年にわたり武蔵入間川（埼玉県狭山市）に在陣し、新田軍の侵攻を防ぐ。

（園太暦、鶴岡社務記録、源威集）

10 延文五・正平一五年（一三六〇）八月四日

二代将軍足利義詮の南朝攻撃に助勢するため東国勢を率いて上洛していた関東執事畠山国清が、鎌倉に帰還する。国清は、前年一一月六日に入京して以後諸戦で功をあげていたが、仁木義長《にきよしなが》との対立や遠征軍に統制の乱れが生じたことから、京を離れることになったものである。なお義詮への援軍派遣の背景には、前年の国清による新田義興《よしおき》謀殺を契機に進んだ、関東南朝軍の勢力衰退がある。

（園太暦、愚管記、大乗院《だいじょういん》日記目録）

畠山国清

（生没年未詳）足利尊氏・直義に従い室町幕府成立に功をあげた武将。観応の擾乱では、はじめ直義側につくが、のち尊氏に従った。その後基氏の補佐役として関東執事を務めた。

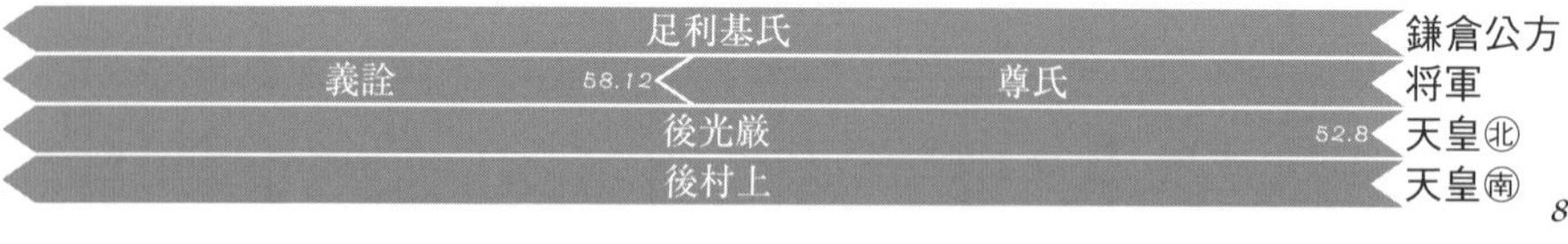

11 康安元・正平一六年（一三六一）一一月

東国武士の間で畠山国清の圧政に対する不満が高まり、この月、足利基氏は国清を関東執事から罷免して鎌倉より追放する。国清は、伊豆に奔って城郭を構え抵抗を試みるが失敗に終わり、翌年九月に相模の箱根山において降伏する。

（安保文書、雲頂菴文書、鎌倉大日記）

12 貞治二・正平一八年（一三六三）

足利基氏の要請で上杉憲顕《のりあき》が幕政に復帰し、関東管領として再び鎌倉公方を補佐する。以後、関東管領の職は上杉氏の家系に独占して伝えられていくことになる。憲顕の関東管領就任に反対の宇都宮氏綱《うじつな》らが兵を挙げるが、基氏自ら出陣してこれを破った。

（上杉家文書、烟田文書、額田小野崎文書、後愚昧記）

13 貞治六・正平二二年（一三六七）四月二六日

足利基氏が没する。五月二九日、子の金王丸《こんのうまる》（氏満《うじみつ》）が後を継ぐ。翌応安元（正平二三）年九月一九日、上杉憲顕が下野の足利で没する。これに替わって上杉能憲《よしのり》（憲顕の子）と同朝房《ともふさ》（憲顕の兄憲藤《のりふじ》の子）の二人が関東管領となり、「両上杉」と称せられる。

（愚管記、後愚昧記、師守記、鎌倉大日記、上杉系図）

14 永和三・天授三年（一三七七）四月一七日

上杉能憲の弟憲春《のりはる》が関東管領となる。上杉氏のうち、憲顕から憲方《のりかた》（憲顕の子で能憲・憲春の弟）へと続いていった家系を山内家《やまのうち》といい、憲藤の子孫を犬懸家《いぬかけ》と称す。いわゆる「上杉氏四家」とは、山内家・犬懸家に扇《おうぎ》谷《がやつ》家・宅間《たくま》家とを加えたものであり、すべて各々が鎌倉に構えた邸宅の所在地に由来する家名である。

（鎌倉大日記、喜連川判鑑《きつれがわはんかがみ》、上杉系図）

15 康暦元・天授五年（一三七九）三月七日

関東管領上杉憲春が自害する。これより先、三代将軍足利義満《よしみつ》のもとで

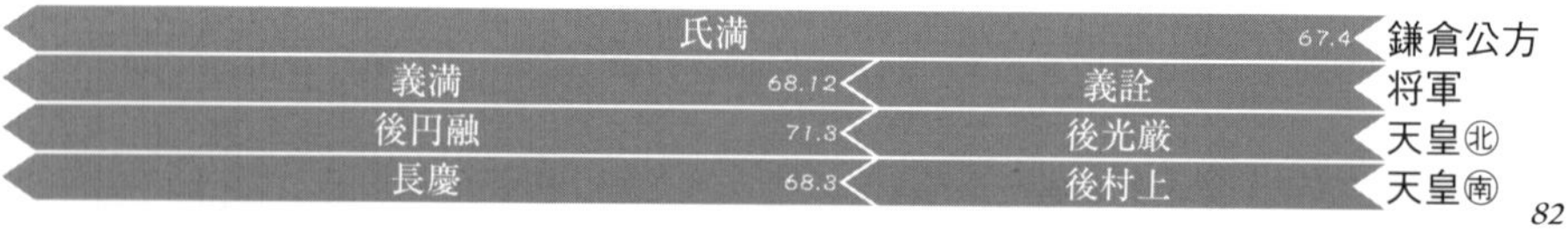

管領細川頼之《ほそかわよりゆき》と斯波《しば》義将《よしゆき(よしまさ)》の軋轢が高じ、頼之が管領を辞すという騒動が起きていた（康暦《こうりゃく》の政変）。鎌倉公方足利氏満はこのような政治的混乱に乗じて幕府に叛こうとしており、憲春の自害は、氏満を制止するための諫死であったという。その後、上杉憲方（憲春の弟）が関東管領となる。

（愚管記、迎陽記、後愚昧記、花営三代記）

16 明徳三・元中九年（一三九二）正月

このころ、関東分国（関東八カ国と伊豆・甲斐）に陸奥と出羽の両国が加わり、鎌倉府の管轄となる。この年の閏一〇月五日、京都で南朝後亀山《ごかめやま》天皇より北朝後小松《ごこまつ》天皇に三種の神器が譲られ、両朝の講和が実現する（南北朝の合一）。

（諸国古文書抄、信俊卿記）

17 応永元年（一三九四）一〇月二四日

上杉憲方が没す。一二月、京都では足利義満が将軍職を子の義持《よしもち》に譲り、太政大臣《だいじょうだいじん》となる。翌応永二年、上杉朝宗《ともむね》（憲藤の子で朝房の弟）が関東管領となる。六月、義満が太政大臣を辞して出家する。翌応永三年二月二八日、*小山若犬丸《おやまわかいぬまる》が陸奥で鎌倉府に叛く（ただし若犬丸の反乱そのも

小山若犬丸
下野国守護を務めていた小山氏の出である小山義政の長男。名は隆政。

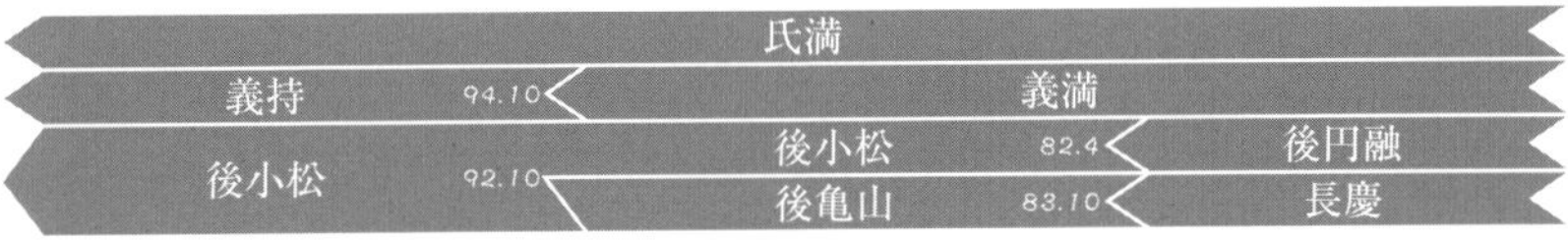

のは、この一〇年前に下野で挙兵したことに遡る）。鎌倉公方足利氏満は討伐に向かい、勝利を収めて七月一日に鎌倉へ凱旋する。

（雲頂菴文書、公卿補任、鎌倉大日記、上杉系図）

18 応永五年（一三九八）一一月四日

足利氏満が没して子の満兼《みつかね》が鎌倉公方となる。満兼は、翌応永六年の春に弟＊満直《みつなお》と満貞《みつさだ》をそれぞれ陸奥の篠川《ささがわ》（福島県郡山市）・稲村《いなむら》（福島県須賀川市）に置き、奥羽両国を鎮撫させる（満直を篠川御所、満貞を稲村御所という）。その後、幕府では一一月、大内義弘《よしひろ》が足利義満に反乱を起こし、和泉堺で討伐される（応永の乱）。満兼はこれに呼応して出兵しようとしたが、上杉憲定《のりさだ》（憲方の子）の諫言により思いとどまったという。

（三島神社文書、迎陽記、鶴岡事書日記、武家年代記、鎌倉大草紙）

19 応永一二年（一四〇五）一〇月

上杉朝宗《ともむね》が関東管領を辞し、山内家の上杉憲定がこれに代わる。応永一四年八月に鎌倉公方の御所が焼亡し、足利満兼は宍戸《しど》氏の宿所に移る。翌応永一五年八月に新御所が上棟し、満兼は一二月に引き移る。

足利満直

（？～一四四〇）第二代鎌倉公方足利氏満の次男。陸奥国安積郡篠川に派遣され、篠川御所（篠川公方）と呼ばれる。篠川御所は鎌倉府の出先機関として東北地方を治め、しばしば伊達氏などと衝突した。27 30参照。

鎌倉公方	98.11 満兼
将軍	義持
天皇	後小松

（集古文書、相州文書、鎌倉大日記、武家年代記裏書）

20 応永一六年（一四〇九）七月二二日

足利満兼が没し、子の幸王丸（持氏）が鎌倉公方となる。翌応永一七年八月一五日、足利満隆《みつたか》（満兼の弟）が陰謀を企てているという噂が立ち、持氏は山内の上杉憲定《のりさだ》邸に移る。しかし陰謀は虚説であったとして、九月三日に御所へ戻る。翌応永一八年正月に上杉憲定が関東管領を辞し、二月九日に犬懸家の上杉氏憲《うじのり》*（法名禅秀《ぜんしゅう》。朝宗の子）が関東管領となる。

（鶴岡八幡宮寺社務職次第、鎌倉大日記）

21 応永二二年（一四一五）五月二日

上杉禅秀が関東管領を辞す。持氏は禅秀を慰留せず、一八日に辞任を認める。禅秀が辞意を表した理由は、四月二五日に禅秀が家人越幡《おばた》（小幡）氏の処遇を巡って足利持氏と対立したことによるという。その後、山内家の上杉憲基《のりもと》が禅秀に替わって関東管領となる。

（鎌倉大日記）

上杉氏憲（禅秀）（?～一四一七）犬懸上杉家の出身。関東管領として、若年であった鎌倉公方足利持氏を補佐した。しかし持氏が山内上杉家の上杉憲基を重用することに禅秀は不満を募らせ、管領職を辞任する。

持氏 09.7
義持
称光 12.8 後小松

22 応永二三年（一四一六）一〇月二日

足利満隆と上杉禅秀が足利持氏に反乱を起こす（上杉禅秀の乱）。鎌倉を奪われた持氏と上杉憲基は、駿河守護*今川範政《のりまさ》を頼る。幕府は、範政と越後守護上杉房方《ふさかた》らを禅秀討伐のために派遣する。これによって、はじめ劣勢であった持氏方は息を吹き返し、禅秀の乱は翌応永二四年正月、発生後三ヶ月あまりで終結する。満隆・禅秀ともに自害し、持氏は同月一七日に鎌倉に帰還する。（看聞《かんもん》日記、満済准后《まんさいじゅごう》日記、鎌倉大日記）

23 応永二五年（一四一八）正月四日

上杉憲基が没す。憲基には男子がなく、養子*憲実《のりざね》（実父は、上杉房方《ふさかた》）が後継ぎとなる。四月には岩松満純《みつずみ》（新田義宗の子。上杉禅秀の婿で、応永二四年に誅殺）の残党、五月には上総本一揆《ほんいっき》が、上杉禅秀の残党として足利持氏の討伐を受ける。（相州文書、鎌倉大日記、上杉系図、簗田系図）

24 応永二六年（一四一九）

上杉憲実が関東管領となる。また、上総本一揆の榛谷重氏《はんがやしげうじ》・武蔵の恩田《おんだ》

今川範政
（一三六四～一四三三）駿河今川氏の四代当主。上杉禅秀の乱で逃れてきた鎌倉公方足利持氏を保護した。その後上杉房方らとともに鎌倉に攻め入り、禅秀の乱を鎮めた。和歌や書にも秀でた教養人といわれる。

上杉憲実
（一四一〇～一四六六）関東管領。越後守護上杉房方の子であったが、山内上杉家の憲基の養子となる。幕府と鎌倉府との融和に努めたが叶わず、永享の乱が起こって鎌倉公方持氏は滅ぼされた。

鎌倉公方	持氏
将軍	義持
天皇	称光

氏などの東国武士が、上杉禅秀の残党として足利持氏の討伐を受ける。翌年一二月、持氏は父満兼の例を超えて従三位《じゅさんみ》に叙せられる。

（武州文書、公卿補任、鎌倉大日記、上杉系図）

25 応永二九年（一四二二）閏一〇月一三日

*京都扶持衆《ふちしゅう》の佐竹（山入《やまいり》）与義《ともよし》が、足利持氏の討伐を受けて鎌倉比企谷《ひきがやつ》において自害する。この年から翌年にかけて、関東においては与義の他にも小栗満重《みつしげ》・宇都宮持綱《もちつな》ら京都扶持衆が相次いで持氏によって討伐される。このため持氏は将軍義持の怒りを買い、京都と鎌倉の関係が悪化する。

（烟田文書、兼宣公記、満済准后日記、鎌倉大日記、喜連川判鑑）

26 応永三〇年（一四二三）一一月二八日

足利持氏が建長寺長老らを使者として上洛させ、将軍義持に対して反抗の意がないことを陳弁する。これは八月一一日、持氏を討伐するために義持が今川範政らの軍勢を発向させたことによる。持氏はさらに翌応永三一年二月に義持へ誓文を差し出し、幕府に対して恭順の意を示す。

（看聞日記、満済准后日記）

京都扶持衆
鎌倉公方の指揮下にありながら京都の幕府と通じ、支援を受けていた武士たちのこと。

持氏
25.2 義量 23.3 義持
称光

27 正長元年（一四二八）五月

足利持氏が京都に進撃しようとして上杉憲実に諫止《かんし》される。これは正月一八日に将軍義持が没し弟義教《よしのり》が後継に決定して、将軍職に野心があった持氏が不満を抱いたためという。持氏は憲実の諫止を聞き入れず、憲実は新田氏が上野《こうずけ》より鎌倉を襲うという情報を流して、ようやく持氏を思いとどまらせたという。一〇月、義教は陸奥の篠川御所足利満直らに命じて、関東の謀叛に備えさせる。以後、義教と持氏の対立は一層深まる。

（蜷川文書、建内記、満済准后日記）

28 永享四年（一四三二）三月二〇日

このころから、鎌倉において永享の年号が使われ始める。京都では三年前（永享元年九月五日）に正長から永享へ改元が行われていたが、足利持氏は従わずに正長の年号を使い続けていた。しかし永享三年七月一九日に持氏の使者二階堂盛秀《もりひで》が将軍義教との対面を許されたため、京都と鎌倉は表向き和解を遂げ、鎌倉でも京都に従い新年号を使うことになったのである。

（阿保文書、看聞日記、満済准后日記）

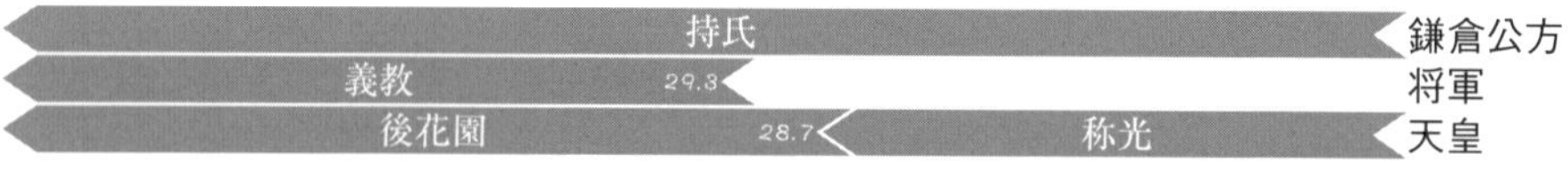

29 永享六年（一四三四）三月一八日

足利持氏が鶴岡八幡宮に血書願文*を捧げ、怨敵《おんてき》（将軍義教、もしくは義教に味方する京都扶持衆のこと）を退けて関東の支配を全うしたいと祈願する。同年五月ごろより京都では比叡山延暦寺と持氏が同心して義教に叛くという風聞が流れ、京都と鎌倉の和解に翳《かげ》りがさし始める。

（鶴岡八幡宮文書、看聞日記、満済准后日記）

30 永享七年（一四三五）正月

足利持氏が東国の諸将に命じ、幕府と気脈を通じる陸奥の篠川御所足利満直に対して討伐軍を派遣する。翌永享八年、信濃守護小笠原政康《まさやす》と村上頼清《よりきよ》との間に合戦が起こると、持氏は、幕府指揮下の小笠原に対抗する村上方に援軍を送る。京都と鎌倉の関係は急速に悪化し、上杉憲実が持氏に諫言するも、持氏がそれを聞き入れなかったために、この両者の関係も悪化する。

（石川文書、看聞日記、鎌倉大日記）

血書願文

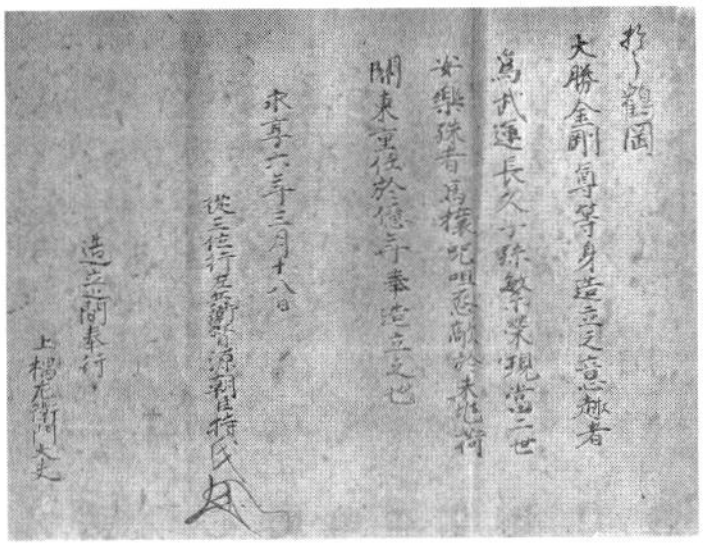

足利持氏が血を混ぜた墨で書いたという（鶴岡八幡宮蔵）

持氏

義教

後花園

31 永享一〇年（一四三八）六月

足利持氏の子賢王丸《けんおうまる》が鶴岡八幡宮で元服する。上杉憲実は持氏に対して、先例に従い室町将軍の偏諱《へんき》*を請うように勧める。しかし持氏は聞き入れず、将軍の通字を入れて「義久《よしひさ》」と名付ける。八月、持氏が上野《こうずけ》に退避した憲実を討とうとするに至って、幕府は持氏討伐を決定する。後花園《ごはなぞの》天皇に治《ち》罰《ばつ》の綸旨《りんじ》と錦旗《きんき》を要請し、駿河守護今川範忠《のりただ》・陸奥篠川御所満直らに出兵を命じる（永享の乱）。

（足利将軍御内書并奉書留、安保文書、看聞日記、鎌倉大日記）

32 永享一一年（一四三九）二月一〇日

幕府軍との戦いに敗れ、足利持氏が鎌倉永安寺《ようあんじ》（二階堂）で自害*する。上杉憲実は持氏の助命を幕府に嘆願したが、叶わなかったという。一一月、憲実は家督を弟清方《きよかた》に譲り、そののち翌年三月二八日以前に出家して公務から離れる。

（石川文書、看聞日記、建内記、東寺執行日記、鎌倉大日記、喜連川判鑑）

偏諱《へんき》
将軍や大名が、臣下や元服する親族に自分の名前の一字を与えること。賢王丸元服の場合、通例では将軍義教の「教」を付けた名前にしなければならなかった。

持氏の自害

『結城合戦絵巻』（国立歴史民俗博物館蔵）より

鎌倉公方	持氏
将軍	義教
天皇	後花園

33 永享一二年（一四四〇）四月一九日

足利持氏の遺児安王丸《やすおうまる》・春王丸《はるおうまる》を擁して下総結城城（茨城県結城市）に籠った結城氏朝*《うじとも》を討伐するため、上杉清方が軍勢を率いて鎌倉を出発する（結城合戦）。上杉憲実も足利義教の命で幕府軍に加わり、結城城は翌嘉吉元年四月一六日に陥落する。氏朝は切腹し、安王丸・春王丸は捕えられ、美濃垂井《たるい》（岐阜県不破郡垂井町）で誅される。六月二四日、京都で赤松満《みつ》祐《すけ》が義教を自邸に招き寄せ、暗殺する（嘉吉の変）。

（足利将軍御内書并奉書留、蔭凉軒日録、看聞日記、建内記、東寺執行日記、鎌倉大日記）

34 文安二年（一四四五）八月六日

この日以前に、上杉清方が没す。結城合戦の後、上杉憲実は幕府に再び隠遁を願うも許可されずにいた。そのような状況の中で憲実は、子息四人のうち幕府へ奉公させる一人（竜春《たつはる》。後の房顕《ふさあき》）を除いた三人を出家させており、彼らが家督を継ぐことは許さなかった。しかし翌年、長尾景仲*《ながおかげなか》をはじめとする上杉氏山内家の被官は、上杉の家督を継がせるべく、憲実の子竜忠（憲忠）を還俗させる。

（上杉家文書、臼田文書）

結城氏朝
（一四〇二～一四四一）下総結城氏の第一一代当主。幕府の関東支配に抵抗して、永享の乱で敗死した足利持氏の遺児を匿い、結城城に立て籠もった。なお結城氏は氏朝の末子成朝が生き延び、足利成氏によって再興が許された。

長尾景仲
（一三八八～一四六三）関東管領山内上杉氏の家宰。応永二三年（一四一六）の上杉禅秀の乱の鎮圧に際し武勲をあげ、永享の乱によって鎌倉公方と関東管領が空位になると、上杉憲忠を関東管領に就任させた。のちに武蔵分倍河原における戦いに敗れ、下野国へ逃れた。

35 文安四年（一四四七）三月

このころ、幕府は足利持氏の遺児（成氏《しげうじ》）が鎌倉公方となることを認める。さらに七月四日、後花園天皇の綸旨をもって、上杉憲忠が関東管領に任じられる。その一ヶ月後の八月二七日、成氏が鎌倉に迎えられる。また、この年の一一月以前に、上杉憲実が伊豆へ隠遁している。

（臼田文書、鑁阿寺《ばんなじ》文書、建内記《けんないき》）

36 宝徳元年（一四四九）

足利成氏が元服する。成氏という名は、八代将軍足利義成《よししげ》（後の義政《よしまさ》）の偏諱を受けたものである。このようにして鎌倉公方の復活が果たされ、鎌倉府の再建が進められる中で、足利持氏の遺臣（成氏派）と上杉氏被官（反成氏派）の間の対立が深刻化していく。

（上杉家文書、康富記、鎌倉大日記）

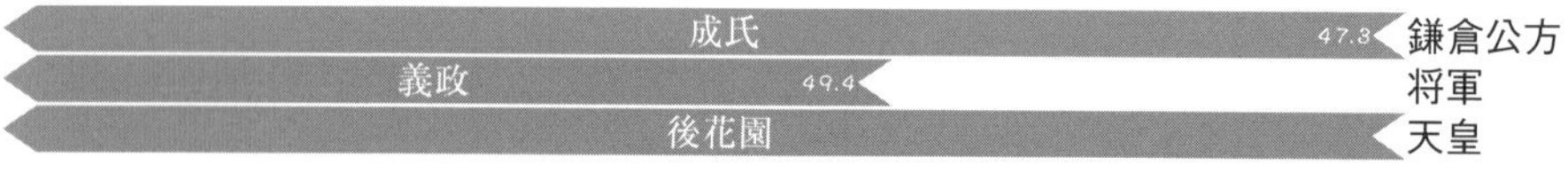

37 宝徳二年（一四五〇）四月二〇日

山内上杉家宰長尾景仲が扇谷上杉家家宰太田資清《すけきよ》らと軍勢を催して足利成氏の鎌倉御所を襲う。成氏は逃れ江の島*（藤沢市）に奔り、腰越《こしごえ》・由比《ゆい》浦（鎌倉市）で抗戦する（江の島合戦）。その後、幕府管領畠山持国《もちくに》の調停で和睦が成立し、成氏は八月四日に鎌倉に帰還する。

（喜連川文書、斎藤文書）

38 享徳三年（一四五四）一二月二七日

足利成氏が、上杉憲忠を鎌倉公方の御所に招いて謀殺する。憲忠が、成氏の父持氏を死に追いやった上杉憲実の子であったためといわれる。以後、成氏軍と上杉軍の間で合戦が始まり（享徳の乱の始）、のちに京都で起こる応仁・文明の乱よりも一三年先んじて、関東は大動乱の時代に入る。

（康富記）

江の島

足利成氏がたて籠もった江の島

成氏
義政
後花園

39

康正元年（一四五五）六月一六日

幕府の命を受け、錦旗を掲げて足利成氏討伐のために東下した駿河守護今川範忠が、成氏を破って鎌倉に入る。殺害された関東管領上杉憲忠の後継となった上杉房顕（憲忠弟）を援護するためである。今川軍に敗北し鎌倉を落ち延びた成氏は、下総古河《こが》に奔る（古河《こが》公方《くぼう》の始）。七月、京都では康正と改元したが成氏は用いず、その後二〇年以上にわたり享徳の年号を使い続ける。

（斎藤基恒日記、康富記、武家事紀、続史愚抄）

鎌倉公方	成氏
将軍	義政
天皇	後花園

後北条氏の盛衰

一四五七〜

1 長禄元年（一四五七）一二月二四日

将軍足利義政の異母兄政知《まさとも》が、鎌倉公方（鎌倉殿）として鎌倉に向かうため京都を出立する。幕府は、天竜寺香厳《きょうごん》院主だった政知を還俗させ鎌倉公方とする方針を、七月には決定していた。関東探題として*渋川《しぶかわ》義鏡《よしかね（よしみ）》が同行し京都を出立したが、近江国大津の*園城寺《おんじょうじ》まで行きそのまま留まった。

（大乗院寺社雑事記）

2 長禄二年（一四五八）七月五日

足利政知、円覚寺塔頭《たっちゅう》黄梅院《おうばいいん》領の鎌倉山崎村における軍勢・*甲乙人《こうおつにん》らの乱暴狼藉《ろうぜき》を禁ずる。政知の再度の関東下向の時期は、この年の五月から八月頃と推測されているが、政知は鎌倉に入ることはなく、伊豆の堀越（御所は現、伊豆の国市韮山町付近にあったとされる）に留まった。そのため、堀越《ほりごえ》公方と呼ばれた。

（黄梅院文書、碧山《へきざん》日録）

3 長禄四年（一四六〇）正月

鎌倉に駐留していた駿河国の守護*今川範忠《いまがわのりただ》の軍勢が、鎌倉から撤兵し

渋川義鏡
（生没年未詳）。本姓は源氏で、足利氏の一門。堀越公方足利政知の補佐役を務める。渋川氏は本家は九州を本拠とする一族だが、武蔵国にも分家が存在していた。

園城寺
滋賀県にある天台寺門宗の総本山。その歴史は古く、大友皇子の子の発願により朱鳥元年（六八六）に建立された。源実朝を暗殺した公暁は、この寺で育てられたという。

甲乙人
一般庶民のことを指す。

今川範忠
（一四〇八〜？）駿河今川氏の第五代当主。幕府の助力により家督を継いだため、将軍義教への忠誠心が強く、古河公方足利成氏と対立した。

古河公方	成氏
将軍	義政
天皇	後花園

帰国する。康正元年（一四五五）六月、幕府は関東管領山内上杉房顕《ふさあき》の援軍として今川範忠の軍勢を鎌倉に向かわせ、古河公方足利成氏《しげうじ》を撤退させた。今川軍はそのまま鎌倉に留まっていたが、長禄三年（一四五九）一〇月、房顕ら幕府連合軍が成氏軍に大敗したため、今川軍は鎌倉から撤兵した。

（香象院珍祐記録）

4 長禄四年（一四六〇）八月二二日

将軍足利義政、堀越公方政知の鎌倉への進軍を制止する。長禄三年の戦いで関東の幕府軍が大敗したため、政知は年内に相模に入り、その後鎌倉を目指したが、幕府に制止された。

（御内書案御内書引付）

5 寛正二年（一四六一）四月二六日

関東管領山内上杉房顕、武蔵国にある鶴岡八幡宮領のうち押領されている諸所の返付の処置をとるよう被官長尾尾張守に命じる。本来ならば、こうした命令は鎌倉公方である足利政知を通して出されるものであった。鎌倉公方と関東管領との関係の薄弱さを示すものと理解されている。

（鶴岡八幡宮文書）

古河公方	成氏
将軍	義政
天皇	後花園

6 寛正四年（一四六三）一二月一五日

堀越公方足利政知、鎌倉五山住持《じゅうじ》の任命を幕府に申請したが、関東管領山内上杉房顕の副状《そえじょう》が無いため許可されなかった。鎌倉公方が事を幕府に申請する場合、関東管領の副状を必要とすることは、古河公方足利成氏の勢力を抑制するためであった。

（蔭凉軒日録）

7 文正元年（一四六六）五月

堀越公方政知、玄泉を円覚寺住持に、受寅を壽福寺住持に推挙して幕府の許可を得る。政知は延徳三年（一四九一）に亡くなるまで、約二三年間にわたり鎌倉公方として伊豆堀越に居たが、政知の発給文書の多くは社寺に関するもので、政治的・軍事的な行動をとった事を示す史料はあまり残っていない。

（蔭凉軒日録）

8 文明一八年（一四八六）九月

摂関家近衛《このえ》房嗣《ふさつぐ》の子で園城寺*聖護院《しょうごいん》門跡の道興が、鎌倉を周遊する。道興は北陸道経由で関東に到り、安房から船で三崎・浦賀に渡って金沢・

聖護院門跡（門主）
聖護院は、京都にある代々の法親王が入寺した門跡寺院として高い格式を持つ寺。園城寺の僧であった僧誉が開基とされ、熊野三山霊場の統括責任は園城寺が一時担っていた。道興は二八代の聖護院門跡門主。

成氏
義尚 73.12
後土御門 64.7

鎌倉に入った。鎌倉五山を巡見し、鶴岡八幡宮・称名寺に参詣するなどして楽しみ、和歌も残した。

（廻国雑記）

9 文明一八年（一四八六）一〇月

相国寺の僧で詩人の*万里集九《ばんりしゅうく》、鎌倉に入り周遊する。集九は、扇谷上杉定正《さだまさ》の執事*太田道灌《おおたどうかん》の招きにより前年の一〇月頃、江戸城に入った。道灌は一八年七月二六日に横死するが、集九は定正の許可を得て鎌倉に参り、諸寺を廻って遊び江戸城に戻った。長享二年（一四八八）八月、道灌の三回忌を終えてから城を去った。

（梅花無盡蔵《ばいかむじんぞう》）

10 明応七年（一四九八）四月二八日

古河公方足利政氏《まさうじ》、*玉隠英璵《ぎょくいんえいよ》に鎌倉建長寺の住持職を安堵する。前年の六年九月三〇日、足利成氏が没し、その子政氏《まさうじ》が後を継いだ。すでに文明一四年（一四八二）、古河公方と関東管領山内上杉氏との間に和睦が成立しており、鎌倉五山は古河公方の支配下になっていた。

（明月院文書）

万里集九

（一四二八〜？）禅僧、歌人。京都相国寺で修行し、一四八五年には太田道灌の招きで江戸城に寄宿する。その翌年には上杉定正の招きで鎌倉に入り、その時の紀行詩文が『梅花無盡蔵』としてまとめられた。

太田道灌

（一四三二〜一四八六）家は源氏の流れを汲む太田氏で扇谷上杉氏の執事。古河公方足利成氏を迎え撃つため築いた江戸城の築城などで知られる。飛鳥井雅親、万里集九など歌人との交流が深く、歌人としても知られる。

玉隠英璵

（一四三二〜一五二四）臨済宗大覚寺派の僧。応仁の乱後の鎌倉五山を代表する文人として知られ、優れた漢詩や書を残す。太田道灌、万里集九とも親交があったといわれ、明月院に墓所が残る。

古河公方	成氏		97.9	政氏	
将軍	義尚	90.7	義稙	94.12	義澄
天皇	後土御門				

11 明応七年（一四九八）八月二五日

地震による津波のため鎌倉高徳院の大仏殿が倒壊する。以後、大仏は露座になったといわれる。また、二〇〇人を超える溺死者を出した。なお、『鎌倉大日記』は明応四年八月一五日の出来事と伝えている。

（妙法寺記）

12 永正元年（一五〇四）九月

駿河守護*今川氏親《いまがわうじちか》、鶴岡八幡宮中における軍勢の乱暴狼藉を禁ずる。永正元年八月二一日、山内上杉顕定《あきさだ》が*川越城に扇谷上杉朝良《ともよし》を攻めたことに端を発する立川原（東京都立川市）の戦乱に、今川氏親は朝良側の援軍として参戦していた。

（鶴岡八幡宮文書）

13 永正元年（一五〇四）一〇月四日

伊勢長氏（のちの北条早雲）、駿河守護今川氏親とともに鎌倉に入る。永正元年八月二一日、山内上杉顕定は川越城に扇谷上杉朝良を攻めた。このため朝良は、援軍を伊豆の韮山城に居た伊勢長氏に求めた。九月半ばに入ると駿河の今川氏親も朝良の援軍に加わった。その結果、九月二七

玉隠英璵像（明月院蔵）

今川氏親
（一四七三～一五二六）。駿河今川家の七代当主。母北川殿は伊勢長氏（北条早雲）の姉といわれている。幼くして父が亡くなり、家督をめぐって争いが起こるが、伊勢長氏の助けを借りて、今川家当主となる。徐々に幕府の統制を離れ、独自の統制を行い、戦国大名の先駆けとなる。

川越城
現在の埼玉県川越市に位置する城。扇谷上杉氏が執事太田氏に築かせた。のちに北条氏綱が占領し、北条氏の武蔵国支配の拠点となった。

政氏
義澄
後柏原 00.10 後土御門

日、立川原で開始された戦闘で顕定軍が大敗した。勝利した長氏と氏親は、一〇月に入って鎌倉入りした。

（宗長手記）

14 永正九年（一五一二）八月一三日

伊勢長氏、扇谷上杉朝良側の勢力三浦義同*《みうらよしあつ》を追撃するため、鎌倉に入る。和睦した両上杉氏の内紛に乗じて関東に勢力を伸ばそうとする長氏は、朝良側の一大勢力であった三浦義同勢を根拠地相模の岡崎城に攻めた。勝利した長氏勢は逗子の住吉城に逃れた三浦勢を追撃するため、鎌倉に入った。

（北条記、快元僧都記）

15 永正九年（一五一二）一〇月

伊勢長氏、鎌倉に玉縄城*《たまなわじょう》を築城する。玉縄城《たまなわじょう》は、現在の鎌倉市城廻《しろめぐり》あたりの丘陵にあった。長氏は、三浦氏に対する前線基地として築いたが、三浦氏滅亡後はその規模を拡大して北条氏の防衛拠点となった。

（北条系図）

三浦義同（道寸）
（?～一五一六）平安時代以来の相模の豪族・三浦氏の事実上最後の当主。鎌倉時代の宝治合戦で執権北条氏に滅ぼされた三浦氏は、傍流から再興をとげ、建武の新政のころには相模の地頭となる。その後、扇谷上杉氏の勢力下に置かれ、義同は、その扇谷上杉氏から三浦氏に養子として入ったといわれる。道寸は出家後の法名。

玉縄城
玉縄城については『鎌倉市史考古編』に詳しい。また、出典の（北条系図）は、『続群書類従』第六輯上、系図部に収載。

玉縄城趾（写真：清泉女学院中学高等学校所蔵）

古河公方	政氏 12.6 高基
将軍	義稙
天皇	後柏原

16 永正一三年（一五一六）七月一一日

伊勢長氏、三浦義同・義意《よしとも》父子を新井城（三浦半島南端三崎）に攻め、三浦氏を滅亡させる。永正九年八月、根拠地岡崎城から住吉城に敗走した三浦父子は、永正一〇年初頭には反撃を開始し鎌倉において合戦に及んだが、再び敗退して新井城に籠城した。三年に及ぶ戦いの末、三浦氏は滅亡した。

（北条五代記）

17 永正一七年（一五二〇）二月二七日

北条氏綱《うじつな》（早雲の子）の代官*大道寺盛昌《だいどうじもりまさ》、鎌倉本覚寺に宛てて*制札《せいさつ》を下す。三浦氏滅亡後、早雲は鎌倉を直轄領とした。永正一五年、早雲の跡を継いだ氏綱の鎌倉代官として大道寺盛昌がいた。この制札には代官以外の者が、本覚寺に対して諸役を課した場合の規定が記されている。盛昌は早雲以来の重臣で、その後も鎌倉代官の職は大道寺家の世襲になっていた。

（本覚寺文書）

大道寺盛昌
（一四九五～一五五六）父は伊勢長氏とともに駿河へ同行した大道寺重時。内政手腕に長け、鎌倉の代官（君主の代わりに行政を司る者）や、川越城の城代を務めた。

制札
法令を板面に記し、往来などに掲示して、民衆に知らせる方法。高札とも。

高基
義稙
後柏原

18 永正一七年（一五二〇）五月二三日

北条氏綱の鎌倉小代官（鎌倉検断）として、後藤繁能《しげよし》が鎌倉*報国寺《ほうこくじ》に宛て敷地寄進に関する証文を与える。北条氏の鎌倉への命令は、代官から小代官に伝えられて施行されていた。小代官には鎌倉在住の有力者が選出され、氏綱の代には後藤氏の名が確認されているが、後藤氏の世襲の職ではなかった。

（報国寺文書）

19 大永六年（一五二六）一二月一五日

安房の*里見実堯《さとみさねたか》の軍勢が鎌倉に来襲し、鶴岡八幡宮の付近で北条方の軍と戦い敗退する。この戦いで八幡宮以下諸堂社が焼失した。大永四年正月、北条氏綱は武蔵国への進出を謀り、扇谷上杉朝興《ともおき》を江戸城に攻めた。朝興は敗れて川越城に逃れ、江戸城は北条氏の手に落ちた。同年一〇月、関東管領山内上杉憲房《のりふさ》が朝興に加勢するに及んで、両軍の攻防戦は関東の諸氏を巻き込んで繰り広げられていく。

（北条五代記、里見記）

報国寺

報国寺竹の庭

里見実堯

（？〜一五三三）新田義貞の鎌倉攻めに加わった里見氏の末裔といわれる。安房の国に一大勢力を築き、実堯はその第四代当主義豊の後見人とされる。安房里見氏は、のちに曲亭馬琴作の『南総里見八犬伝』のモデルにもなった。

古河公方	高基		
将軍	義稙	21.12	義晴
天皇	後柏原	26.4	後奈良

20 享禄五年（一五三二）五月一八日

北条氏綱、鎌倉代官大道寺盛昌・*笠原信為《かさはらのぶため》に鶴岡八幡宮再建のため、社頭の古木調査を命ずる。戦乱により破壊された八幡宮の再建計画は、天文元年の初頭から始まり実地調査を経て、翌二年四月から工事が始められ天文九年一一月に完成した。

（快元僧都記《かいげんそうずき》）

21 天文六年（一五三七）六月一三日

北条氏綱、駿河出兵に際し、鶴岡八幡宮に戦勝祈願をする。天文六年二月、駿河の今川義元が甲斐の武田信虎《のぶとら》と甲駿《こうしゅん》同盟を結んだため、氏綱は機先を制して駿河に出陣した。三月には富士川を越えて軍を進め、駿河の富士川以東の地域を勢力圏とした。

（快元僧都記）

22 天文九年（一五四〇）一一月二一日

新しい鶴岡八幡宮が完成し、正遷宮（落慶式）が行われる。式は、二日間にわたり盛大に行なわれた。

（快元僧都記）

笠原信為
（？～一五五七）北条早雲・氏康・氏綱三代に仕えた重臣。武蔵国小机城の城代。氏康の右腕といわれ、和歌や漢詩にも造詣が深かったとされる。

晴氏 35.6 高基
義晴
後奈良

23 天文一一年（一五四二）四月六日

北条氏康《うじやす》、建長寺・円覚寺・東慶寺*三か寺の行堂の諸公事《くじ》*を免除する。氏康は、氏綱の後継者として父とともに以前より政務に携わっていた。氏綱は天文一〇年七月一九日に亡くなるが、病中にあった四月頃にはすでに家督を子の氏康に譲っていた。

（円覚寺文書、北条五代記）

24 天文一三年（一五四四）六月一二日

北条氏康、鶴岡八幡宮の法度《はっと》を定める。法度は九か条にわたり、八幡宮の掃除の場所や回数の規定、修理が必要な箇所の報告義務、巡礼者や往来者の落書きの禁止などが定められている。

（新編相模国風土記稿）

25 天文一六年（一五四七）一〇月

北条氏康、鎌倉の検地*を行う。氏康は、相模・武蔵国など領国の経営に力をいれ、各地で検地を実施した。諸寺社に対しても所領安堵や寄進などが行われた。なお、氏綱も永正一七年に検地を行っており、その時の決定が今回の検地に生かされていた。

東慶寺

鎌倉市山ノ内にある円覚寺派の寺院。開基は北条貞時で開山は覚山尼（時宗夫人）。鎌倉尼五山の第二位の寺とされ、尼五山のなかで現在唯一残る寺。「縁切り寺・駆け込み寺」としても知られる。

東慶寺仏殿

検地

田畑の面積とその収穫量を調べ、その土地からの税収見込みを量ること。北条早雲によって、本格的な検地がはじめて行われたといわれる。

古河公方	晴氏
将軍	義輝　46.12　義晴
天皇	後奈良

（報国寺文書、鶴岡八幡宮文書、明月院文書）

26 天文二三年（一五五四）一一月七日

北条氏康、古河公方足利晴氏《はるうじ》の子で鎌倉の葛西ヶ谷に居た義氏を元服させ、家督を安堵する。この年の九月、晴氏と子の藤氏《ふじうじ》は、氏康に対して謀反を起こす。そこで氏康は、下総の古河城を攻め落とし、晴氏・藤氏父子を相模の波多野（秦野）に幽閉した。義氏は、氏綱の娘（氏康の妹）と晴氏の間に生まれた子である。

（北条記、喜連川文書）

27 永禄四年（一五六一）三月

長《なが》尾《お》景虎《かげとら》（上杉謙信）、関東管領山内上杉憲政《のりまさ》から管領職と上杉の名跡を継ぎ、鶴岡八幡宮で拝賀の式を行う。天文二一年（一五五二）正月、憲政は古河公方足利晴氏を奉じて北条氏康と戦闘状態にあったが、敗れて越後の守護代長尾景虎を頼った。永禄三年八月、景虎は憲政を奉じて上野《こうずけ》に出陣し、翌四年三月上野から相模に入って、小田原城に迫ったが攻めきれず、軍勢を還して鎌倉に入っていた。景虎は、上杉姓を名乗ることで憲政から一字をもらい政虎《まさとら》と改名した。

（北条記）

義氏 52.12
義輝 54.2
正親町 57.10 後奈良

28
永禄六年（一五六三）一二月二七日

鎌倉円覚寺の山門・仏殿・開山塔などが炎上、焼失する。後に永禄の大火といわれる。円覚寺は、応安七／建徳三年（一三七四）・応永二八年（一四二一）の大火、大永六年（一五二六）里見氏の来襲による兵火などによりたびたび火災にあっている。

（新編相模国風土記稿）

29
天正六年（一五七八）一〇月一〇日

上杉景虎《かげとら》（北条氏政の弟）、鶴岡八幡宮に戦勝・武運長久を祈願する。景虎は、北条氏康の子で氏政の弟氏秀《うじひで》であるが、初めは武田晴信《はるのぶ》（信玄）の養子となり、のちに上杉輝虎（謙信）の養子となって名を景虎と改めていた。天正六年三月、謙信が亡くなると養子の景勝《かげかつ》と景虎がその跡目をめぐって争いになった。景虎は、翌七年三月景勝に攻められ*御館城《おたてじょう》に籠って応戦し敗れて（御館の乱）、*鮫ヶ尾城《さめがおじょう》に逃れたが敗死した。

（鶴岡八幡宮文書、上杉家文書）

御館城
上杉謙信が関東管領上杉憲政を迎えたときに築いたとされる居館。春日山城の城下に設けられた。

鮫ヶ尾城
春日山城防備の最前線として永禄～天正年間（一五五八～一五九一）に築かれた城。現在の新潟県妙高市に史跡が残る。

古河公方　義氏　83.1
将軍　65.5 義輝 68.2 ＜ 義栄 68.10 ＜ 義昭 73.7
天皇　正親町

30

天正一八年（一五九〇）七月一六日

豊臣秀吉、小田原城を攻めて北条氏を滅ぼし、鎌倉に入る。天正一八年二月、秀吉は徳川家康を先鋒として北条氏討伐の兵を発し、四月、小田原城を囲んだ。四月二八日、玉縄城では、五代城主氏勝が籠城を決意するが、家康の説得に応じ開城した。七月五日、氏直が投降し、一一日氏政・氏照が自害。一三日、秀吉が小田原城に入城するに至り、北条氏は滅んだ。一六日秀吉は小田原から奥州に向かう途中鎌倉に立ち寄り、鶴岡八幡宮に詣でて修理を命じた。

（鶴岡八幡宮文書、北条記）

資料編

関連系図
主要出典解題

源氏・北条氏・皇室関係図

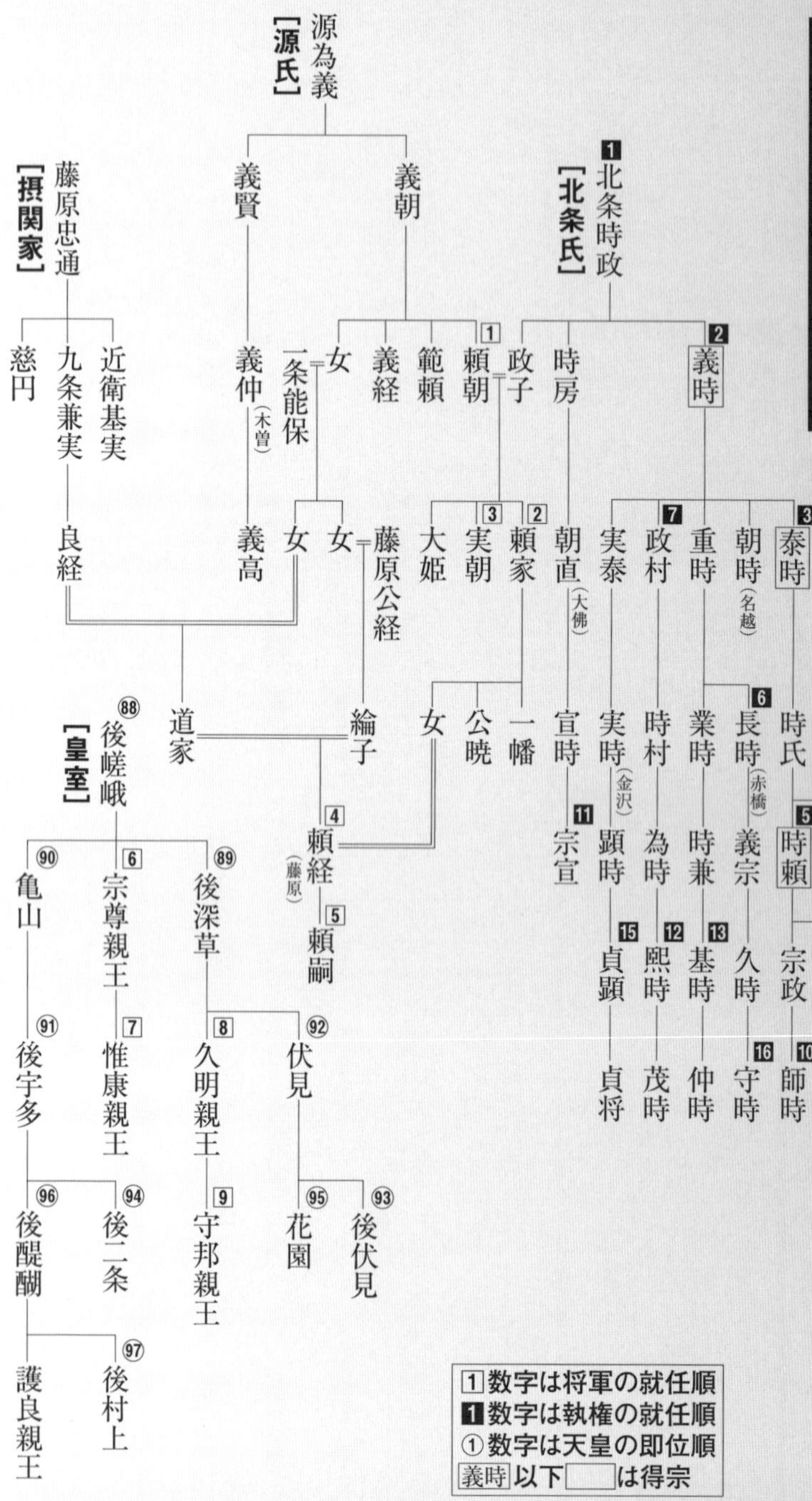
【北条氏】
1 北条時政
政子
時房
2 義時
3 泰時
朝時（名越）
重時
7 政村
実泰
朝直（大佛）
時氏
6 長時（赤橋）
業時
時村
実時（金沢）
宣時
4 経時
5 時頼
義宗
時兼
為時
顕時
11 宗宣
8 時宗
宗政
久時
13 基時
12 煕時
15 貞顕
9 貞時
10 師時
16 守時
仲時
茂時
貞将
14 高時
時行
【源氏】
源為義
義朝
義賢
1 頼朝
範頼
義経
女
一条能保
義仲（木曽）
2 頼家
3 実朝
大姫
女
藤原公経
女
義高
一幡
公暁
女
綸子
道家
4 頼経（藤原）
5 頼嗣
【摂関家】
藤原忠通
近衛基実
九条兼実
慈円
良経
【皇室】
88 後嵯峨
89 後深草
6 宗尊親王
90 亀山
92 伏見
8 久明親王
7 惟康親王
91 後宇多
93 後伏見
95 花園
9 守邦親王
94 後二条
96 後醍醐
97 後村上
護良親王
1 数字は将軍の就任順
1 数字は執権の就任順
① 数字は天皇の即位順
義時 以下 □ は得宗

足利家略系図

1数字は将軍の就任順

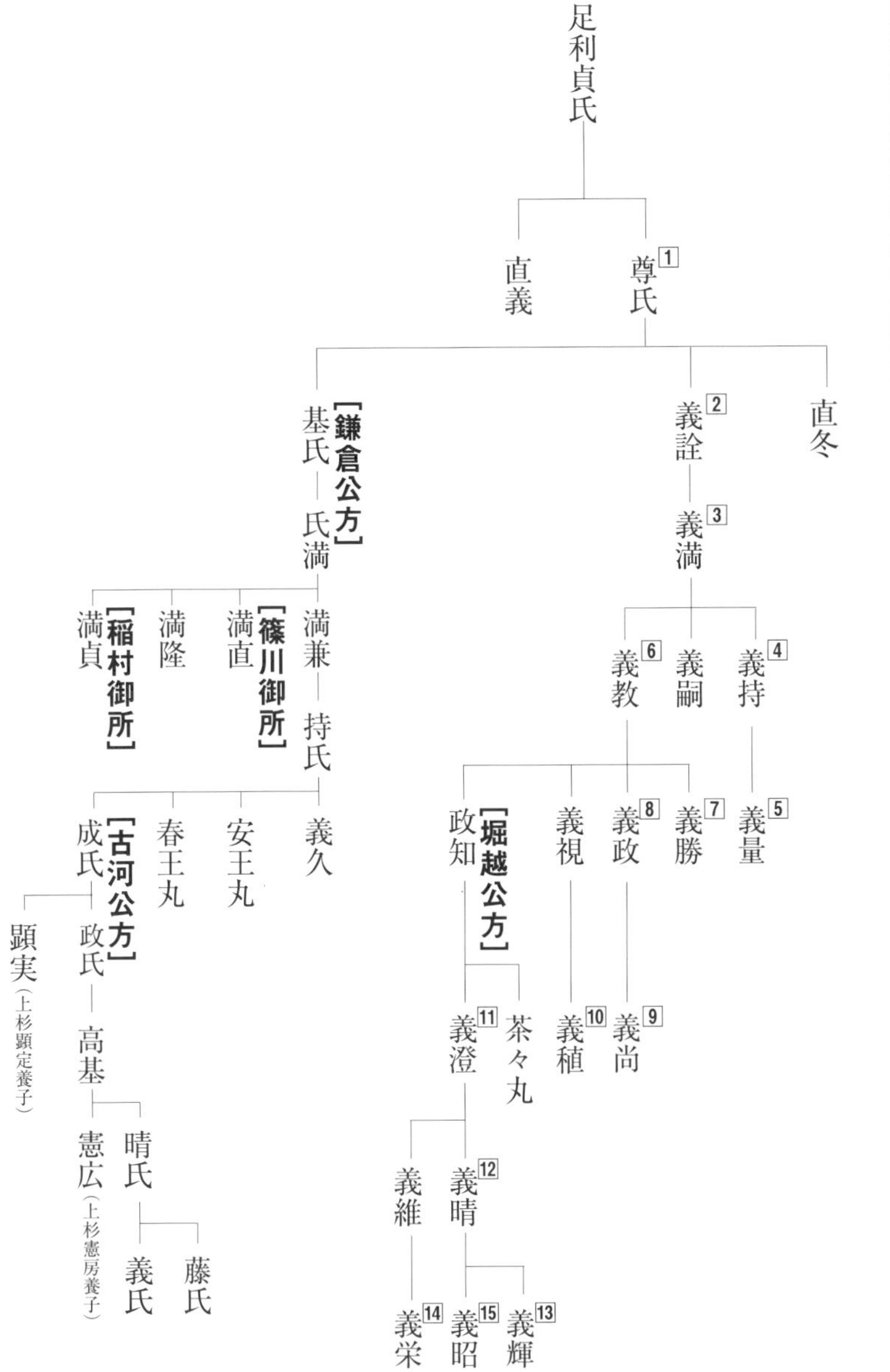

上杉家略系図

＊は歴代関東管領　‖は養子

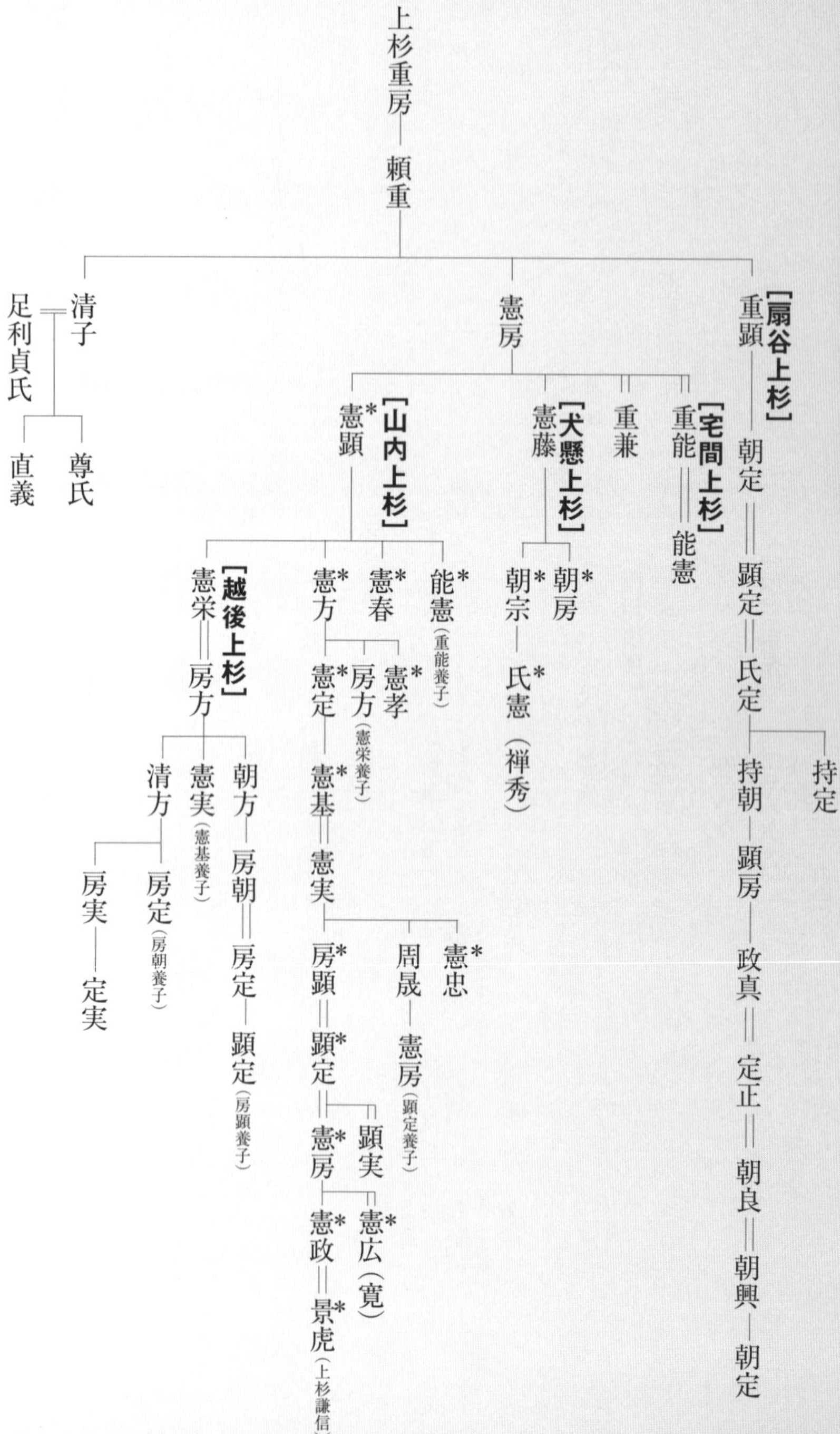

主要出典解題（刊本が複数ある場合は、比較的入手あるいは閲覧しやすいものを記した・年代順）

吾妻鏡（あずまかがみ）

治承四年（一一八〇）四月九日から文永三年（一二六六）七月二〇日に至る鎌倉幕府の記録。ただし、途中に空白期間もある。幕府関係者によって編纂され、最終的な成立は鎌倉末期、一四世紀初め頃と推定されている。刊本は『新訂増補国史大系』（吉川弘文館）。なお漢字仮名交り文に書き改めた『全譯吾妻鏡』（新人物往来社）もあり、『現代語訳・吾妻鏡』（吉川弘文館）も刊行中である。

陸奥話記（むつわき）

一一世紀半ば、陸奥国の豪族安倍氏と源頼義・義家らが戦った前九年合戦を描いた軍記物語。乱後まもない時期、京都の官人によって書かれたとも推定されているが、詳細は不明。刊本は『新編日本古典文学全集』四一（小学館）、『日本思想大系』八（岩波書店）。

詞林采葉抄（しりんさいようしょう）

『万葉集』の注釈書。著者の由阿《ゆうあ》は藤沢遊行《ゆぎょう》寺《じ》止住の時宗僧。貞治五年（一三六六）に二条良基《よしもと》に献上されていることから、それ以前の成立。刊本は『万葉集叢書』一〇（臨川書店）。

玉葉（ぎょくよう）

鎌倉時代初期、摂政・関白にもなった九条兼実の日記。長寛二年（一一六四）～建仁三年（一二〇三）の記録で、当時の政治情勢などを知ることができる重要史料。刊本は国書刊行会本、および図書寮叢刊『九条家本玉葉』（明治書院）。

天養記（てんようき）

源義朝が伊勢神宮領相模国大庭御厨《おおばのみくりや》に乱入した時の関係文書をまとめたもの。多くが天養二年（一一四五）の文書であることから、この名がある。『相模国大庭御厨古文書』ともいう。刊本は『神奈川県史資料編』一、『平安遺文』六（東京堂出版）。

鎌倉大日記（かまくらおおにっき）

鎌倉幕府および南北朝・室町期の鎌倉府関係の職員年表（前者は将軍・執権ほか、後者は鎌倉公方・関東管領ほか）に重要事項を注記したもの。もとは南北朝末期に成立し、以後書き継がれたといわれている。水戸彰考館本を底本とする刊本として『増補・続史料大成』（臨川書店）がある。

新編相模国風土記稿（しんぺんさがみのくにふどきこう）

江戸幕府の昌平坂学問所地理局で編纂された。多くの古文書や古記録を元にして、相模国内の図説、郡・村の沿革、山・川・名所・産物などが網羅されている。一二六巻。天保一二年（一八四一）の成立。江戸時代ばかりでなく、中世の鎌倉を知る上でも興味深い記事を収める。刊本は『大日本地誌大系』三六〜四〇（雄山閣出版）。

保暦間記（ほうりゃくかんき）

保元元年（一一五六）に勃発した保元の乱から暦応二年（延元四・一三三九）の後醍醐天皇の死までを記した歴史書。

鎌倉幕府、とくにその後期に関する記述が注目されている。足利尊氏方として合戦に参加した武士が、出家後の一四世紀中頃に執筆したとも推定されているが、詳細は不明。刊本は『校本保暦間記』（和泉書院）。

愚管抄（ぐかんしょう）

摂関家出身の天台僧慈円《じえん》が道理と仏教思想にもとづいて著した歴史書。承久の乱の前年、承久二年（一二二〇）に書かれ、乱後に加筆されたとみられている。源実朝暗殺関係の記事など、鎌倉の動向にも詳しい。刊本は『日本古典文学大系』八六（岩波書店）。現代語訳が、日本の名著『慈円・北畠親房』（中央公論新社）に収められている。

公卿補任（くぎょうぶにん）

神武天皇から明治元年（一八六八）に至る間の、年ごとの公卿職員録。編者不詳。もとは平安時代中期ごろまでに成立し、以後も書き継がれていったとみられている。刊本は『新訂増補国史大系』（吉川弘文館）。

猪隈関白記（いのくまかんぱくき）

鎌倉時代前期、摂政・関白にもなった近衛家実の日記。建久八年（一一九七）から建暦元年（一二一一）までの本記が伝わり、断続的には嘉禎元年（一二三五）まで書かれている。刊本は『大日本古記録』（岩波書店）。

明月記（めいげつき）

鎌倉時代前期、歌人としても活躍した公卿藤原定家の日記。治承四年（一一八〇）から始まり、刊本では嘉禎元年（一二三五）まで収めるが、仁治二年（一二四一）の死去の年まで書かれた。刊本としては国書刊行会本があり、ほかに

『訓読明月記』（河出書房新社）もある。

金槐和歌集（きんかいわかしゅう）

鎌倉幕府三代将軍源実朝の家集。「金」は鎌倉の鎌の偏、「槐」は大臣の唐名＝槐門《かいもん》によったもので、『鎌倉右大臣家集』ともいう。建保元年（建暦三・一二一三）、実朝二二歳の時に成立。実朝と後鳥羽上皇の関係をうかがうことができる興味深い和歌なども収められている。刊本は『日本古典文学大系』二九（岩波書店）、『新潮日本古典集成』四四（新潮社）など。

海道記（かいどうき）

鎌倉時代中期の京都・鎌倉間の紀行文。作者は京都白河付近に住む五〇歳くらいの遁世者。詳細は不明。貞応二年（一二二三）四月四日に京都を出発して同一七日に鎌倉に着き、五月初めに帰途につくまでを記している。刊本は『新編日本古典文学全集四八　中世日記紀行集』（小学館）、『新日本古典文学大系五一　中世日記紀行集』（岩波書店）など。

承久記（じょうきゅうき）

承久三年（一二二一）、後鳥羽上皇が鎌倉幕府執権の北条義時追討の兵をあげた承久の乱に関する軍記物語。著者不詳。その原形は仁治元年（一二四〇）ごろまでに成立したとみなされている。刊本としては、諸本のうち古い要素を残すとされる慈光寺本および古活字本が『新日本古典文学大系』四三（岩波書店）に収められている。

関東評定衆伝（かんとうひょうじょうしゅうでん）

鎌倉幕府の執権・評定衆・引付衆の補任を記す。編著者・成立年不詳。嘉禄元年〜弘安七年までを記載。刊本は『群書類従』補任部に収載。

御成敗式目唯浄裏書（ごせいばいしきもくゆいじょううらがき）

御成敗式目の注釈書。正応二年（一二八九）の成立。六波羅探題の奉行人斎藤基茂（法名唯浄）が著した。刊本は『中世法制史料集』別巻（岩波書店）。

新編追加（しんぺんついか）

御成敗式目制定後の鎌倉幕府の追加法を集めて分類した法令集。三六七条が収められている。編者不詳。成立は室町時代中期以降。『続群書類従』二三武家部に収載。ほかに編年順に配列し直した『中世法制史料集』一（岩波書店）がある。

日蓮上人註画讃（にちれんしょうにんちゅうがさん）

日蓮の生涯を描いた絵伝によせられた讃。妙法寺住持日澄の撰という。現存本では天文五年（一五三六）に作製された京都本圀寺本が最もはやい。日蓮が鎌倉ではじめて庵を結んだ地に建立された安国論寺にも収蔵する。漢文で書かれた讃は『続群書類従』伝部に収載。

関東往還記（かんとうおうかんき）
弘長二年（一二六二）に叡尊《えいそん》が関東下向した際の日記。弟子の性海が記したもの。刊本は、関靖編纂『校訂増補関東往還記』（便利堂）。

性公大徳譜（しょうこうだいとくふ）
「忍性菩薩行状略頌」とも。忍性の遺徳を、詩歌の形式で二五〇句に読み込んだもの。成立は延慶三年（一三一〇）。著者は極楽寺僧澄名。大日本地誌大系『新編鎌倉志』極楽寺の項に掲載。

将軍執権次第（しょうぐんしっけんしだい）
鎌倉幕府の将軍、執権、六波羅探題北方・南方の補任を記す。編著者・成立年不詳。治承四年～建武元年までを記載。『群書類従』補任部に収載。

八幡愚童訓（はちまんぐどうくん）
八幡神の神徳を童子にも諭すことを目的に書かれた書物。「はちまんぐどうきん」ともいう。二種類伝来するが、蒙古襲来を記すものは、快元が天文元年（一五三二）に書いたという奥書があるものの、実際には延慶元年（一三〇八）～文保二年（一三一八）頃の作といわれる。神功皇后から蒙古襲来まで、異国来襲の沿革を書く。刊本は『群書類従』、『日本思想体系』二〇（岩波書店）に収載。

蒙古襲来絵巻（もうこしゅうらいえまき）

肥後御家人竹崎季長《すえなが》の蒙古襲来における勲功を描いた絵巻物。二巻。前巻は文永一一年の合戦模様と季長が恩賞を要求して鎌倉をおとずれる経緯、後巻は弘安四年の合戦を描く。奥書に永仁元年（一二九三）二月九日の年紀がある。『日本の絵巻』一三（中央公論社）など。

十六夜日記（いざよいにっき）

阿仏尼が訴訟のために鎌倉に下向した時の紀行文。弘安二年（一二七九）一〇月一六日出京。海道下り、鎌倉滞在、旅行後記として長歌の三部からなる。刊本は『日本古典文学大系』（岩波書店）など

円覚寺文書（えんがくじもんじょ）

円覚寺が所蔵する文書。最も古いものは天養元年（一一四四）鳥羽法皇院庁牒《ちょう》案から近世初まで全三六六通収載。寺領に関する文書が多い。刊本は『鎌倉市史』史料編二。

一遍上人絵伝（いっぺんしょうにんえでん）

時宗の開祖一遍が、全国に布教する遍歴の生涯を描く絵巻物。「一遍聖絵《ひじりえ》」ともいう。聖戒《しょうかい》編の京都歓喜光寺《かんきこうじ》と藤沢清浄光寺に現存する。歓喜光寺本は正安元年（一二九九）完成。絵は法眼円伊が描いた。清浄光寺に所蔵されていた宗俊《そうしゅん》編「一遍上人絵詞伝」（一〇巻）は明治四四年（一九一一）に焼失しており、一〇本あまりの模本が残る。歓喜光寺本は『日本の絵巻』二〇（中央公論社）に刊行。

とはずがたり

後深草院二条の自伝。宮内庁書陵部所蔵。成立は正和二年（一三一三）～正中元年（一三二四）。前半は宮廷での恋愛遍歴を日記風に書き、後半は諸国遍歴を紀行文風に書く。昭和十五年にはじめて公開された。刊本は『講談社学術文庫』、『新編日本古典文学全集』（小学館）など。

増鏡（ますかがみ）

歴史物語。二〇巻。一四世紀中頃の成立。治承四年（一一八〇）後鳥羽天皇生誕～元弘三年（一三三三）後醍醐天皇京都還幸までを朝廷の視点で編年体で記す。大鏡・今鏡・水鏡とともに四鏡という。刊本は『日本古典文学大系』（岩波書店）など。

実躬卿記（さねみきょうき）

三条実躬の日記。実躬は、蔵人頭《くろうどのとう》・参議・権大納言を歴任。弘安六年（一二八一）～延慶三年（一三一〇）までを記す（弘安七年欠）。

花園天皇日記（はなぞのてんのうにっき）

花園天皇の日記。「花園天皇宸記（しんき）」ともいう。延慶三年（一三一〇）～元弘二年（一三三二）までを記す（欠脱あり）。両統の皇位継承、後醍醐天皇の倒幕の動向などを持明院統側から知る貴重な史料。刊本は『史料纂集』、『増補史料大成』に収載。

太平記（たいへいき）

軍記物。四〇巻。作者不詳。一四世紀中頃成立したとされる。後醍醐天皇の即位から細川頼之《よりゆき》の執権就任までを語る。刊本では、流布本『日本古典文学大系』（岩波書店）、『新潮日本古典集成』（新潮社）、『新編日本古典文学全集』（小学館）。

梅松論（ばいしょうろん）

歴史書。二巻。作者は不詳だが、足利氏側の立場にたつ人物と推定される。貞和五年（一三四九）頃の成立。鎌倉時代末期の治世から、尊氏が政権を掌握するまでの過程を記す。『群書類従』合戦部に収載。

元弘日記裏書（げんこうにっきうらがき）

鎌倉末～南北朝期の政情を記す。一巻。元弘元年（一三三一）八月九日の改元から、暦応三年（一三四〇）五月二七日に南朝方の下総国駒館《こまだて》城が陥落するまでの主要な出来事を、南朝方の立場で著したもの。著者・成立年ともに不詳だが、記事の下限である暦応三年をそれほど下らない頃の成立と考えられている。『群書類従』二五雑部に「関城書裏書《せきじょうしょうらがき》」として収載。

鶴岡社務記録（つるがおかしゃむきろく）

鶴岡八幡宮社務の記録（編纂物）。甲乙二巻。編者不詳。記録期間は建久二年（一一九一）～文和四年（一三五五）。鶴岡八幡宮の歴代社務職の補任関係記事に加えて、社殿造営や行事、将軍・執権の参詣記事、鎌倉の様子等を記す。幕府政治に関して『吾妻鏡』には見えない独自の記事を載せており（甲巻）、また南北朝内乱の様相を詳細に伝えている点（乙巻）でも貴重。刊本は『鶴岡叢書』二、『神道大系』神社編二〇、『改定史籍集覧』二五、『続史料大成』一八等。

園太暦（えんたいりゃく）
洞院公賢《とういんきんかた》の日記。『中園相国記《なかぞのしょうこくき》』とも。記録期間は応長元年（一三一一）～延文五年（一三六〇）。ただし延慶二年（一三〇九）以前から書き始められたと推測されている。公賢は従一位太政大臣まで上り、南北両朝から信任された公家社会の重鎮。南北朝内乱期の政情を記すとともに、儀式典礼につき諮詢を受けた記事も多く載せる。刊本は『史料纂集』。

師守記（もろもりき）
中原師守《なかはらもろもり》の日記。記録期間は暦応二年（一三三九）～応安七年（一三七四）。師守は大外記《だいげき》師右《もろみぎ》の子で、師右没後はその跡を継いだ兄師茂《もろしげ》の補佐に努めた。北朝の朝廷行事や廷臣の動向、公武関係、京都都市民の生活など、南北朝期の政治・社会の様相を詳細に伝える。刊本は『史料纂集』。

妙法寺記（みょうほうじき）
甲斐の日蓮宗寺院妙法寺の年代記。上下二巻。『甲斐妙法寺年録』とも。筆者、成立年代不詳。妙法寺の代々の住僧によって書き継がれたもので、文正元年（一四六六）から永禄四年（一五六一）までを載せる。甲斐国を中心にした寺院・物価・気象・災害などの簡単な記録のほか、武田氏と北条氏、上杉氏などの動向も記されている。刊本は『続史籍集覧』一。

源威集（げんいしゅう）
源氏の祖神八幡宮の話から始まり、足利尊氏に至るまでの、代々の将軍および彼らを支えた東国武士の活躍を記し、源氏の威勢を称えた書。嘉慶元年（一三八七）頃の成立で、著者は足利氏臣下のものとみられている。刊本は新撰日

本古典文庫『梅松論・源威集』（現代思潮社）。

愚管記（ぐかんき）

近衛道嗣《このえみちつぐ》の日記。『愚管御記《ぐかんぎょき》』『後深心院関白記《ごしんしんいんかんぱくき》』とも（後深心院とは、道嗣の追号）。記録期間は、延文元年（一三五六）～永徳三年（一三八三）。道嗣は摂関家近衛基嗣《もとつぐ》の子でその跡を継ぎ、従一位関白まで上った。北朝後光厳《ごこうごん》天皇の信任厚く、また室町幕府将軍足利義満とも懇意の間柄であった。南北朝期の政治・軍事情勢とともに摂関家の動静も伝える重要史料。刊本は『増補続史料大成』、『大日本古記録』。

大乗院日記目録（だいじょういんにっきもくろく）

奈良の興福寺大乗院門跡尋尊《もんぜきじんそん》が同院所蔵の日記類によってまとめた年代記。治暦元年（一〇六五）から永正元年（一五〇四）に至る、一乗院・大乗院両門跡の経歴と社会的・政治的事件が記録されている。刊本は『増補続史料大成』（臨川書店）。

上杉家文書（うえすぎけもんじょ）

旧米沢藩主上杉家（山形県米沢市）に伝来した古文書。建久七年（一一九六）一〇月肥前仁比山収納使入物等停止下文をはじめとする約一二〇〇点を収め、そのうちには関東管領の山内上杉氏関係文書約一二〇点も含まれている。刊本は『大日本古文書』家わけ一二（東京大学出版会）。

後愚昧記（ごぐまいき）

三条公忠《さんじょうきんただ》の日記。『後押小路内府日記《ごおしのこうじないふにっき》』とも。記録期間は、康安元年（一三六一）～永徳三年（一三八三）。公忠は清華家三条実忠《さねただ》の息で官は内大臣まで上り、辞官後に従一位に叙せられた。その娘厳子《げんし》は北朝後円融《ごえんゆう》天皇の後宮に入り、後小松天皇を産んだ。北朝の宮廷社会で行われた朝儀・法会《ほうえ》等の様子が詳細に記されている他、南北朝期の政治・文化・社会の様相などにつき多くの情報を伝える。刊本は『大日本古記録』。

喜連川判鑑（きつれがわはんかがみ）

鎌倉公方・古河《こが》公方足利氏の歴代と、その後裔である喜連川《きつれがわ》氏の初期の家系を載せる系図。一巻。編者不詳。喜連川昭氏《あきうじ》が家督を継いだ承応二年（一六五三）までの記事を載せている。『続群書類従』一一二系図部に収載。

花営三代記（かえいさんだいき）

室町幕府の将軍足利義満・義持・義量《よしかず》三代に関する記録。花営とは室町幕府のこと。前半部には貞治六年（一三六七）から永徳元年（一三八一）に至る、幕府の公式行事・官職補任・政治的事件などの記事を収める。後半部は応永二八年（一四二一）から同三二年に至る、将軍御供衆伊勢貞弥（あるいは貞平）の日記。刊本は『群書類従』二六輯・雑部。

鶴岡事書日記（つるがおかことがきにっき）

「鶴岡事書案」とも。明徳二年（一三九一）一一月から応永七年（一四〇〇）八月に至る、鶴岡八幡宮外方供僧の衆会（集会）記録。はじめの部分に永徳二年（一三八二）・正和三年（一三一四）の記事もある。衆会での協議事項・決定事項を記し、八幡宮領関係文書案なども収める。刊本は『続群書類従』三〇輯上・雑部。

武家年代記・同裏書（ぶけねんだいき・どううらがき）
治承四年（一一八〇）から明応八年（一四九九）に至る、武士を中心にした年表形式の年代記。編者不詳。花園天皇の代（一四世紀初頭）に成立し、以後、書き継がれたもの。帝王（天皇）・年代・執柄（摂関）・将軍・執権・六波羅（探題）・政所（別当）・問注所（執事）の欄があり、それぞれに人名と略伝、およびその年の重要事項が記されている。裏書にも各年代の重要事項が記され、なかにはやや詳しい記述もある。刊本は『増補続史料大成』（臨川書店）。

鎌倉大草紙（かまくらおおぞうし）
室町時代の関東の争乱・政治的事件を、鎌倉公方や関東管領の動向を中心に記した戦記物・歴史書。作者不詳。文明一一年（一四七九）以後の成立。刊本は『群書類従』二〇輯・合戦部、『新編埼玉県史・資料編八』ほか。

相州文書（そうしゅうもんじょ）
江戸幕府が編纂した相模国の古文書集。天保年間（一八三〇〜四四）、幕府が『新編相模国風土記稿』編纂のための資料として蒐集したもの。なお相模国の古文書は、それ以前の元文〜寛保年間（一七三六〜四四）、幕府が青木昆陽らにまとめさせた『諸州古文書』にも収録されている。刊本としては、それらをあわせて、さらに訂正・増補した貫達人編『改訂新編相州古文書』（角川書店）がある。

鶴岡八幡宮寺社務職次第（つるがおかはちまんぐうじしゃむしきしだい）
寿永元年（一一八二）、鎌倉に下向した初代円暁から第二六代定尊に至る、鶴岡八幡宮の社務（別当）職の補任と事績を記したもの。ただし年次が記入されているのは永享三年（一四三一）補任の第二四代尊仲まで。刊本は『群書類従』四輯・補任部。

看聞日記（かんもんにっき）

伏見宮貞成親王《ふしみのみやさだふさしんのう》の日記。『看聞御記《かんもんぎょき》』『後崇光院御記《ごすこういんぎょき》』とも。記録期間は応永二三年（一四一六）～文安五年（一四四八）。貞成は北朝崇光天皇の第一皇子栄仁親王《なかひと（よしひと）》の子で、後花園天皇の実父。伏見御所での日常生活の様子を初めとして、室町期の政局から文化・芸能、市井の出来事まで、記事の内容は多岐にわたる。刊本は『続群書類従』補遺二、『図書寮叢刊』。

満済准后日記（まんさいじゅごうにっき）

醍醐寺座主《だいごじざす》で三宝院門跡《さんぼういんもんぜき》を務めた満済《まんさい》の日記。記録期間は応永一八年（一四一一）～永享七年（一四三五）。満済は権大納言今小路師冬《いまこうじもろふゆ》の子で、大僧正まで上り准后《じゅごう》となった。足利義満の猶子《ゆうし》となり、義持・義教《よしのり》らにも信任され、幕府の政治顧問というべき役割を果たしていた。法会や祈禱関係の記事の他、幕府政治の中枢で得た情報を詳細に記す、室町期の重要史料。刊本は『続群書類従』補遺一など。

武州文書（ぶしゅうもんじょ）

江戸幕府が編纂した武蔵国の古文書集。文化・文政年間（一八〇四～三〇）、幕府が『新編武蔵国風土記稿』編纂のための資料として蒐集したもの。なお武蔵国の古文書は、それ以前の元文～寛保年間（一七三六～四四）、幕府が青木昆陽らにまとめさせた『諸州古文書』にも収録されている。刊本としては、それらをあわせて、さらに増補した杉山博・萩原竜夫編『新編武州古文書』（角川書店）がある。

建内記（けんないき）

万里小路《までのこうじ》時房《ときふさ》の日記。「けんだいき」とも訓ずる。記録期間は応永二一年（一四一四）～康正元年（一四五五）。時房は名家万里小路嗣房《つぐふさ》の子で、官は内大臣、位は従一位まで上った。武家《ぶけ》伝奏《てんそう》として朝廷と室町幕府との折衝に当たっていたため、朝幕間の要事が多く記されている。他、万里小路家の行事や所領経営などについても詳述されており、室町期の公家の生活を知る上でも重要な記録。刊本は『大日本古記録』。

鶴岡八幡宮文書（つるがおかはちまんぐうもんじょ）

鶴岡八幡宮に伝来した古文書。『鎌倉市史・史料編第一』（吉川弘文館）に寿永二年（一一八三）二月二七日源頼朝寄進状以下、多数の文書が収められている。

鑁阿寺文書（ばんなじもんじょ）

栃木県足利市の鑁阿寺に所蔵されている古文書。鑁阿寺は、建久七年（一一九六）に足利尊氏の祖先義兼が創建した氏寺「堀内大御堂」が寺院化したもの。このため同寺には歴代足利氏および古河公方関係などの貴重な文書が数多く伝わっている。刊本は『栃木県史・史料編・中世一』。

康富記（やすとみき）

中原康富《なかはらやすとみ》の日記。記録期間は応永二四年（一四一七）～康正元年（一四五五）。中原氏は代々太政官の外記《げき》局の統括業務を請け負う家であり、康富も父英隆《ひでたか》の跡を継いで権大外記の職務に励んだ。また漢学・故実に通じ、たびたび皇族・公卿の子弟に進講を行っていた。朝廷行事や室町幕府の動静、地下官人の生活、市井の雑事などを詳細に記す。刊本は『増補史料大成』。

斎藤基恒日記（さいとうもとつねにっき）
永享一二年（一四四〇）から康正二年（一四五六）に至る、室町幕府奉行人斎藤基恒の日記。幕府恒例の行事、奉行人からの人事、当時の政治情勢などが記されている。刊本は『増補続史料大成』（臨川書店）ほか。

明月院文書（めいげついんもんじょ）
鎌倉の明月院が所蔵する文書。永徳三年（一三八三）鎌倉公方足利氏満書状から天正一八年（一五九〇）豊臣秀吉禁制まで二二通。刊本は『鎌倉市史』史料編三、『改訂新編相州古文書』四巻（角川書店）。

大乗院寺社雑事記（だいじょういんじしゃぞうじき）
奈良県にある興福寺の門跡の一つ大乗院家の日記。第二〇代門跡尋尊・二一代政覚・二二代經尋らによって記された約一九〇冊。宝徳二年（一四五〇）から大永七年（一五二七）までの約八〇年間の記録。興福寺や大乗院に関する事だけでなく、室町中・後期の奈良を中心とした畿内の政治・経済・文化などを知る上で重要な史料。刊本は『増補続史料大成』（臨川書店）。

碧山日録（へきざんにちろく）
臨済宗の禅僧雲泉大極の日記。五巻。長禄三年（一四五九）から寛正四年（一四六三）までと寛正六年（一四六五）から応仁二年（一四六八）までがある。碧山は、大極が住んだ庵の「碧山佳処」に因む。当時の禅僧の生活についてだけでなく、応仁の乱前後の京都の情勢などが記された貴重な史料。刊本は『改定史籍集覧』、『増補続史料大成』（臨川書店）。

蔭涼軒日録（いんりょうけんにちろく・おんりょうけんにちろく）

相国寺《しょうこくじ》鹿苑《ろくおん》院内の蔭涼軒の留守役（蔭涼軒主）が記した公用日記。六五冊。筆者は、永享七年（一四三五）～文正元年（一四六六）が季瓊真蘂《きけいしんずい》、文明一六年（一四八四）～明応二年（一四九三）が亀泉集證《きせんしゅうしょう》。将軍に近侍した僧による公用日記であるから、京都五山の動静や禅僧の生活ばかりではなく、幕府の動向を記した行政史料としても重要。刊本は『大日本仏教全書』、『増補続史料大成』など。

廻国雑記（かいこくざっき）

聖護院門跡道興が著した紀行文。五巻。文明一八年（一四八六）六月から翌年三月にかけて、北陸から関東、奥羽諸国を巡歴し見聞した事柄を、漢詩や和歌を交えながら記したもの。当時の地方の社会情勢や文化、交通路などを知るための好史料。刊本は『群書類従』第一八輯、紀行部など。

梅花無盡蔵（ばいかむじんぞう）

相国寺の禅僧で歌人でもある万里集九《ばんりしゅうく》が著した漢詩文集。七巻。成立年は不詳であるが、応仁年間（一四六七～八）以降の自作の詩文を随時まとめ、永正三年（一五〇三）頃に編集し完成したものと伝えられる。梅花無盡蔵とは、万里の別号でもあり住んでいた庵の号でもあった。室町時代後期の五山文学の詩風を代表するものであり、六・七巻に収められた諸国遍歴の紀行文は、当時の社会状況を知る上で貴重なものである。刊本は『続群書類従』第一二輯下、文筆部。

宗長手記（そうちょうしゅき）

連歌師柴屋軒宗長（島田宗長）の日記。上下二巻。大永二年（一五二二）から大永七年（一五二七）の間に、四度にわたって駿河と京都を往復した宗長の旅日記。宗長は、駿河の今川氏に仕えていたため旅行中の見聞録だけでなく、当時の今川氏の動静を中心にした社会情勢を知る事ができる。刊本は『群書類従』第一八輯、日記部。

快元僧都記（かいげんそうずき）

鶴岡八幡宮相承院の供僧快元の日記。一巻。享禄五年（一五三二）五月一八日条から天文一一年（一五四二）五月一四日条までを記す。内容の中心は、北条氏綱による鶴岡八幡宮の造営・修理に関する記事であるが、初期の後北条氏の研究の重要史料。刊本は『群書類従』第二五輯、雑部。

北条五代記（ほうじょうごだいき）

後北条氏に関わる記事を集録したもの。一〇巻。編者不詳。後北条氏の家臣であった三浦茂正（法名浄心）の『慶長見聞集』三二巻の中から後人が、後北条氏に関する部分を抄録したもので、元和年間（一六一五〜二四）の成立と伝えられている。一条ごとに項目を立てて早雲の出歴から氏直の滅亡まで北条氏五代の盛衰を記す。刊本は『改訂史籍集覧』五。

北条記（ほうじょうき）

戦国時代末期の戦記。六巻。『東乱記』とも。筆者、成立年代不詳。永享八年（一四三六）から天正一八年（一五九〇）

まで、相模の後北条氏の興亡を中心に関東における争乱の様子を記す。刊本は『続群書類従』第二一輯上、合戦部。

大日本史料（だいにほんしりょう）

『六国史』に続く編年史料集。宇多天皇の仁和三年（八八七）〜後水尾天皇の元和八年（一六二二）までを一二編に分け、各編ごとに並行して編纂刊行がすすめられている。明治二年以降編纂開始、現在は東京大学史料編纂所で編纂が継続している。鎌倉期は第四編、第五編、南北朝期は第六編、室町期は第七編〜一〇編に収める。

神奈川県史資料編（かながわけんししりょうへん）古代・中世

神奈川県域に関する古文書を編年形式で収集・編纂した古文書集。神奈川県企画調査部県史編集室編。竹内理三・貫達人・百瀬今朝雄が担当。昭和四四〜五四年刊行。全四冊。古代・中世（1）は古代〜建治三年（一二七七）まで、（2）は建治四年（弘安元年）から元弘三年（一三三三）まで、（3）上は建武元年〜永享一一年、（3）下は永享一二年〜天正一八年の古文書を収める。

鎌倉市史史料編（かまくらししりょうへん）

『鎌倉市史』に収載される史料集。『鎌倉市史』は、総説編、社寺編、考古編および史料編三冊からなる。鎌倉市史編纂委員会編。昭和三一年〜三三年刊行。古代・中世文書を中心に所蔵者別に配列。主な収載史料は、巻一は鶴岡八幡宮が中心、巻二は円覚寺文書が中心、巻三は円覚寺塔頭および建長寺・壽福寺・浄智寺・浄妙寺等の各寺院所蔵文書および補遺を収載する。吉川弘文館。

鎌倉遺文（かまくらいぶん）

鎌倉時代の古文書を編年形式で収集・編纂した古文書集。竹内理三編。文治元年（一一五六）～元弘三年（一三三三）の古文書を収める。古文書編四二巻、補遺編四巻、索引編四巻。東京堂出版。

南北朝遺文関東編（なんぼくちょういぶんかんとうへん）

南北朝時代の関東地方に関連した古文書を編年形式で収集・編纂した古文書集。元弘三年（一三三三）一二月以降の関東八カ国を主として周辺地域を含む古文書を収める。現在、刊行中。

〈付記〉

室町・戦国期関係の出典のうち、ここにあげていないものも多い。それらについては『大日本史料』『神奈川県史資料編』『鎌倉市史史料編』『南北朝遺文関東編』を参照されたい。

れ

連署　*36, 45, 46**, 54, 65*

ろ

六波羅　*14**, 39**, 41, 60, 125*

六波羅探題　*39, 45, 48, 51**, 55, 69, 117, 125*

わ

和賀江嶋（津）　*9, 38, 47, 49*

若宮大路　*11, 27, 35, 40, 46*

若宮大路御所　*40*

和田合戦　*8, 29*

和田義盛　*11, 18, 22**

源義朝　10, 15, 23, 24*, 110, 114
源頼家　11, 21, 22, 23, 24, 25, 28*, 29, 33*, 110
源頼朝　10, 11, 12, 13, 14, 15, 16, 17, 18, 19, 20, 21, 22, 23, 24, 25, 28, 33, 34, 35, 38, 45, 110, 127
源頼信　10
源頼義　10, 15, 113
宮騒動　8, 44
三善康信　13, 22*
三善康持　44
『妙法寺記』　122

む

無学祖元　9, 58, 59
無及徳詮　58
夢窓疎石　70
六浦路　42
六浦　35, 42*, 52*
六浦津　41, 42
『陸奥話記』　113
宗尊親王　48, 51, 53, 110
宗良親王　79
村上頼清　89
室町幕府　77, 78*, 80*123, 124, 127, 128

め

明月院　98*, 99*, 128
『明月院文書』　128
『明月記』　115

も

蒙古軍（元軍）　55, 56*, 58, 63
『蒙古襲来絵巻』　55*, 119
毛利季光　45
物部国光　65
守邦親王　65, 110
護良親王　74, 76, 110
『師守記』　122
文覚上人　15
問注所　13, 125

や

薬師堂谷　46, 76
屋島の合戦　14
安王丸　91, 111
『康富記』　128
宿屋西信　51
矢作常氏　47
山内　35, 49, 71
山内家（上杉氏）　74, 75, 78*, 82, 84, 85, 86*, 91, 93, 96, 98, 102, 105, 112, 123

ゆ

由比浦　11, 93
由比ガ（ヶ）浜　26, 27, 30, 34, 37, 46, 48
結城氏朝　91
『結城合戦絵巻』　90*
結城城　91
結城朝広　46

よ

永安寺　90
栄西　9, 23, 30
永福寺　20, 26*, 38, 40, 45
横大路　40
吉田定房　70

ら

蘭渓道隆　49, 50, 58

り

『立正安国論』　9, 50, 51
良基　53
了行　47
良信　43, 44

偏諱　90, 92

ほ ……………………………………………………………

報国寺　102
宝治合戦　8, 45, 47, 100*
北条氏勝　107,
北条氏綱　75, 99*, 101, 102, 103, 104, 105, 130
北条氏直　75, 107, 130
北条氏秀（上杉景虎）　75, 106,
北条氏政　75, 106, 107
北条氏康　75, 103*, 104, 105, 106
放生会　61
『方丈記』　28
『北条記』　131
『北条五代記』　131
北条貞時　60, 62, 63, 65, 66, 67, 68, 104*, 110
北条重時　39, 45, 46*, 50*, 51, 52, 110
北条資時　46
北条高時　67, 68, 70, 71, 76, 110
北条経時　43, 44, 45, 110
北条時国　60
北条時輔　51, 55
北条時房　35, 38, 45, 46*, 110
北条時政　11, 16, 19*, 22, 24, 25, 26, 27, 110
北条時宗　46*, 50, 51, 53, 54, 55, 56, 58, 59, 60, 65, 104*, 110
北条時村　60, 65, 110
北条時行　76, 110
北条時頼　44, 45, 46, 47, 48, 49, 50, 51, 52, 54, 110
北条朝直　46, 110
北条長時　50, 64, 110
北条久時　64
北条政子　10, 11, 16, 19*, 21, 22, 23, 24, 25, 27, 32, 33, 34, 35, 36, 49, 110
北条政村　35, 46, 53, 54, 110
北条宗方　65
北条宗政　51, 110
北条宗頼　51, 65
北条師時　65, 66, 110
北条泰時　9, 24, 34, 35, 38, 39, 40, 41, 42, 45, 46*, 110
北条義時　11*, 19, 22*, 27, 29, 33, 34, 35, 38, 45*, 46*, 52*, 63, 110, 116
坊門信清　26
『保暦間記』　114
細川頼之　83, 121
法華堂　19*, 28, 38, 45
堀内殿　51
堀越公方　75, 95, 96, 97
梵鐘（円覚寺）　65

ま ……………………………………………………………

牧ノ方　26, 27
松葉ガ谷の法難　50*, 51
万里小路宣房　69
『増鏡』　120
『満済准后日記』　126
政所　13, 19, 29, 125

み ……………………………………………………………

御内人　54
三浦氏　23*, 45, 47, 75, 100, 101
三浦光村　45
三浦泰村　44*, 45
三浦義同（道寸）　100, 101
三浦義澄　20, 22*, 23
三浦義村　26, 29, 33, 36*
三寅（藤原頼経）　33
源仲章　33
源実朝（千幡）　23, 24, 25, 26, 27, 28, 30, 31, 33, 35*, 36, 50*, 63, 95*, 110, 115, 116
源範頼　12, 21, 110
源義家　10, 11, 15, 113
源義経　12, 14, 16, 18, 20, 21*, 22*, 24*, 28*, 110

南禅寺　*70*
『南北朝遺文関東編』　*132*
南北朝の合一　*83*

に

二階堂大路　*38, 46*
二階堂盛秀　*88*
二階堂行方　*46*
二月騒動　*51*, 53*, 55*
仁木義長　*80*
二条為氏　*57*
日蓮　*9, 50, 51, 54, 55, 117, 122*
『日蓮上人註画讃』　*51*, 117*
新田氏　*88*
新田義興　*79, 80*
新田義貞　*71, 72, 77, 79, 102**
新田義宗　*79, 86*
韮山城　*99,*
忍性　*9, 52, 54, 118*

の

義良親王　*77*

は

『梅花無盡蔵』　*98*, 129*
『梅松論』　*121*
畠山国清　*80, 81*
畠山重忠　*16, 26*
畠山重保　*26*
畠山持国　*93*
八田知家　*17, 22**
『八幡愚童訓』　*118*
法堂　*68*
花園天皇　*66, 110, 120, 125*
『花園天皇日記』　*120*
春王丸　*91, 111*
榛谷重氏　*86*
『鑁阿寺文書』　*127*
潘阜　*54*
万里集九　*98, 129*

ひ

比企氏の乱　*8, 25*
引付　*46, 51*, 66, 78*, 117*
飛脚　*12, 14, 20*
比企能員　*22*, 24*, 25*
久明親王　*61, 62, 66, 110*
日野資朝　*69, 70*
日野俊基　*69, 70*
評定　*8, 36, 44, 45, 46*, 51*, 66, 117*
平賀朝雅　*26, 27*
檜皮姫　*43*

ふ

『武家年代記・同裏書』　*124*
富士川の戦い　*11*
『武州文書』　*125*
藤原為家　*28, 57*
藤原為佐　*44*
藤原為相　*57*
藤原秀衡　*17, 18*
藤原泰衡　*12*, 18, 20*
藤原（九条）道家　*33, 47*
藤原（九条）頼嗣　*43, 44, 47, 110*
藤原（九条）頼経　*28*, 33, 35, 36, 40, 41, 43, 44, 47, 110*
文永の役　*55, 56*
文保の和談　*68*

へ

平治の乱　*15*
平禅門の乱　*62*
『碧山日録』　*129*
徧界一覧亭　*70*

大長寿院　20
大道寺盛昌　101, 103
大仏（高徳院）　43, 99
『太平記』　121
『大日本史料』　131
平重衡　12
平忠常　10
平直方　11
平政連　66
平宗綱　62
平宗盛　14
平盛時　43
平頼綱　51*, 54, 61, 62
尊治親王（後醍醐天皇）　66
宅間家（上杉氏）　74, 82, 112
竹崎季長　56, 119
武田信虎　103
武田晴信（信玄）　106
竹御所　37
立川原　99, 100
龍ノ口　54, 56
龍ノ口法難　54
玉縄（甘縄）城　100, 107
壇ノ浦　14

ち

千葉氏　47
千葉常胤　10, 23
千葉秀胤　44, 45
長久連　47
陳和卿　31

つ

月影が谷　57
『鶴岡事書日記』　124
『鶴岡社務記録』　121
鶴岡八幡宮　10, 11, 16, 20, 23, 24, 28*, 33, 35*, 40, 48, 56, 61, 75, 89, 90, 96, 98, 102, 103, 104, 105, 106, 107, 121, 126, 127, 130, 131
『鶴岡八幡宮寺社務職次第』　126
『鶴岡八幡宮文書』　127

て

天王社　35
『天養記』　114

と

道鏡　32
東慶寺　104
東光寺　76
東勝寺　71
塔辻　46
東福寺　69
徳川家康　75, 107
得宗（徳崇）　8, 43*, 44*, 46*, 51, 53*, 54*, 67, 71
杜世忠　56
『とはずがたり』　61, 120
土紋　64
豊臣秀吉　74, 75, 107, 131

な

長尾景虎（上杉謙信）　105
長尾景仲　91, 93
中下馬橋　46
長崎円喜　67
長崎氏　67
長崎高資　71
中先代の乱　76
中野時景　41
中原親能　13, 22*
名越時章　55
名越教時　53, 55
名越光時　44
成良親王　8, 72, 76

佐竹氏　11
佐竹（山入）与義　87
里見氏　102*, 106
里見実堯　102
『実躬卿記』　120
侍所　11, 23*, 29, 43*, 50, 61*, 65
鮫ヶ尾城　106

し

直法　49
宍戸氏　84
静御前　16
執権　8, 9, 11*, 19*, 27, 34, 35, 36, 38, 39, 40, 43, 44, 45, 46, 48, 50, 51, 54, 58, 59, 60, 65, 66, 67, 100*, 110, 114, 116, 117, 118, 121, 125
地頭　16, 24, 57, 100*
斯波義将　83
渋川義鏡　95
持明院統　62, 68, 69*, 77, 120
霜月騒動　8, 51*, 61, 62
守護　16, 24, 39*, 44*, 55, 77*, 78*, 83*, 86, 89, 90, 94, 95, 99, 105
修禅寺　25
壽福寺　10*, 23, 30, 67*, 97, 131
鷲峰山　63
准后　32
『承久記』　116
承久の乱　8, 34, 36, 115, 116
『将軍執権次第』　118
聖護院門跡　97, 129
『性公大徳譜』　118
浄光房　43
浄光明寺　64
相国寺　98
勝長寿院　15, 20, 38
少弐景資　61
正平の一統　79
称名寺　52, 65, 98
所司　23*, 43*, 61*, 65
『詞林采葉抄』　113
真阿　64
心慧上人　63
『新古今和歌集』　28
『新編相模国風土記稿』　114
『新編追加』　117
新清涼寺　52
深秘の御沙汰　44, 53

す

瑞泉寺（院）　70
住吉城　100, 101

せ

征夷大将軍　16*, 20, 22, 25, 36, 43, 48
西澗子曇　65
制札　101
正寿丸（北条時宗）　50
正中の変　69
摂津親鑒　68
遷宮　20, 103
前九年合戦　10, 113
善光寺　61
千手王（足利義詮）　72
千手前　12, 13*
千幡（源実朝）　23, 24, 25

そ

『相州文書』　125
『宗長手記』　130

た

大覚寺統　62*, 66, 68, 69*
『大乗院寺社雑事記』　128
『大乗院日記目録』　123

工藤祐経　12, 16, 21
公文所　13, 38

け

傑翁宗英　58
下下馬橋　48
検非違使　41
蹴鞠　24, 28*
『源威集』　122
賢王丸（足利義久）　90
元弘の変　70
『元弘日記裏書』　121
検地　104
建長寺　49, 58, 65, 67, 68, 69, 70, 87, 98, 104, 131
建長寺船　69
『建内記』　127
建武式目　74, 77
建武の新政　74

こ

弘安の役　58
幸王丸（足利持氏）　85
甲乙人　95
光厳上皇　77
甲駿同盟　103
後宇多法皇　68, 110
高徳院　43, 99
高徳院阿弥陀如来像（大仏）　43
高師直　77, 78, 79
高師冬　78
康暦の政変　83
古河公方　75, 94, 95*, 96, 97, 98, 105, 111, 124, 127
後亀山天皇　83
国分寺　65
『後愚昧記』　123
極楽寺　52
後光厳天皇　80, 123
後小松天皇　83, 124
後嵯峨上皇　48, 62*, 68, 110
小侍所　45
後三年合戦　15, 18*
腰越　14, 18, 93
腰越状　14
沽酒　48
後白河法皇（天皇）　10*, 12, 20, 32*
牛頭天王　35
御成敗式目　8, 39, 117
『御成敗式目唯浄裏書』　117
後醍醐天皇　8, 66, 69, 70, 72, 74, 76, 77, 79, 110, 114, 120, 121
小壺　35
小手指原　76
後藤繁能　102
後藤基綱　36*, 44
後鳥羽天皇（上皇）　26, 31, 32, 33, 34, 116, 120
近衛宰子　53
近衛房嗣　97
近衛道興　97, 129
後花園天皇　90, 92, 126
後深草院二条　61, 120
後深草上皇（天皇）　61, 62, 68, 110
巨福呂坂　41, 59
五部大乗経　49
惟康親王　53, 62, 66, 110
金王丸（足利氏満）　82

さ

西行　16, 17, 61
西大寺　52
『斎藤基恒日記』　125, 128
最明寺　50, 52
酒匂駅　14
篠川御所　84, 88, 89, 90, 111
佐々目谷　46

岡崎義実　23
小笠原政康　89
小栗満重　87
大佛煕時　67, 110
大佛宗宣　67, 110
大佛基時　67, 110
御館城　106
小田原城　75, 105, 107
女影原　76
越幡（小幡）氏　85
小山若犬丸　83
園城寺　95, 97
陰陽師　50

か

『快元僧都記』　130
『廻国雑記』　129
『海道記』　116
『花営三代記』　124
覚園寺　63
覚海尼　70
嘉元の乱　65
笠原信為　103
梶原景時　17, 18, 22*, 23
固瀬宿　48
金沢顕時　61, 110
金沢実時　52, 53, 61*, 110
『鎌倉遺文』　131
『鎌倉大草紙』　125
『鎌倉大日記』　114
鎌倉公方　74, 75, 78, 81, 83, 84, 85, 86*, 87*, 91*, 92, 93, 95, 111, 114, 124, 125, 128
鎌倉五山　30*, 67, 97, 98,
鎌倉（平）権五郎景政　15
『鎌倉市史史料編』　131
鎌倉城　12
鎌倉小代官（鎌倉検断）　102
鎌倉大火　19
鎌倉の楯（館）　15
鎌倉の主　11
鎌倉番役　36
鎌倉府　74, 78, 83, 84*, 86*, 92, 114
『神奈川県史資料編』　131
亀山天皇　62*, 68, 110
鴨長明　28
川越城　99, 101*, 102,
寛喜の大飢饉　37, 38, 39
『関東往還記』　118
関東管領　74, 75, 78*, 81, 82, 83, 84, 85, 86, 91*, 92, 94, 96, 97, 98, 102, 105, 106*, 112, 114, 123, 125
関東執事　78, 80, 81
『関東評定衆伝』　117
観応の擾乱　78, 80*
『看聞日記』　126

き

祇園社　35
木曽（源）義高（志水冠者）　13, 110
木曽（源）義仲　12, 13, 110
北畠顕家　77
『喫茶養生記』　30
『喜連川判鑑』　124
享徳の乱　75, 93
京都扶持衆　87, 89
玉隠英璵　98, 99*
『玉葉』　113
『金槐和歌集』　27, 116

く

『愚管記』　123
『愚管抄』　115
公暁　33, 95*, 110
『公卿補任』　115
葛原ヶ岡　70

『猪隈関白記』 115
今川氏親 99, 100
今川範忠 90, 94, 95, 96
今川範政 86, 87
今川義元 103
鋳物師 65
石清水八幡宮 10, 20
岩門合戦 61
岩松満純 86
窟堂 17
『蔭涼軒日録』 129

う

上杉顕定 99, 100, 112
上杉氏憲（禅秀） 85, 86, 87, 91*, 112
上杉景勝 75, 106
上杉清方 90, 91, 112
『上杉家文書』 123
上杉謙信（輝虎） 75, 105, 106, 112
上杉定正 98
上杉禅秀の乱 86, 91*
上杉竜忠（憲忠） 91
上杉朝興 102, 112
上杉朝房 82, 83, 112
上杉朝宗 83, 84, 85, 112
上杉朝良 99, 100, 112
上杉憲顕 74, 78, 81, 82, 112
上杉憲方 82, 83, 84, 112
上杉憲定 84, 85, 112
上杉憲実 86, 88, 89, 90, 91, 92, 93, 112
上杉憲忠 75, 91, 92, 93, 94, 112
上杉憲春 82, 83, 112
上杉憲房 102, 112
上杉憲藤 82, 83, 112
上杉憲政 75, 105, 106*, 112
上杉憲基 85, 86, 112
上杉房顕 91, 94, 96, 97, 112
上杉房方 86, 112
上杉能憲 82, 112
内管領 54*, 61, 62, 65, 67
宇都宮氏綱 81
宇津（都）宮辻子 35, 40
宇都宮持綱 87

え

永享の乱 75, 86*, 90, 91*
栄西 9, 23, 30
叡尊 9, 44*, 52, 118
永仁の徳政令 64
江戸城 98, 102
江の島合戦 93
円覚寺 9, 59, 65, 67, 68, 70, 95, 97, 104, 106,
『円覚寺文書』 119
『園太暦』 122
延福寺 79
延暦寺 23*, 89

お

往阿弥陀仏 38
応永の乱 84
扇谷家（上杉氏） 74, 82, 93, 98, 99, 100, 102, 112
奥州藤原氏 18
応仁・文明の乱 93, 98*, 129
黄梅院 95
大内義弘 84
大江（中原）広元 13, 14, 16, 19, 22, 28*, 29, 31, 45*
大倉郷 11
大倉御所 33, 40
太田資清 93
太田道灌 98
大庭御厨 15, 114
大姫 13, 21
岡崎城 100, 101

索引

本索引は、人物の姓が省略されている場合も、姓に基づき記載する。書名には『　』をつけた。本文各項目末（　）内の出典名は、巻末資料編「主要出典解題」内の見出し頁のみ記載した。「数字＊」は、脚注内のみに記載された頁を示す。

あ

朝夷奈切通　42
足利氏満　82, 83, 84*, 111, 128
足利成氏　74, 75, 91*, 92, 93, 94, 95*, 96, 97, 98, 111
足利尊氏　8, 72, 74, 76, 77, 78, 79, 80, 111, 112, 115, 121, 122, 127
足利直義　8, 72, 76, 77*, 78, 79, 80*, 111, 112
足利晴氏　105, 111
足利藤氏　105
足利政氏　98, 111
足利政知　75, 95, 96, 97, 111
足利満兼　84, 85, 87, 111
足利満貞　84, 111
足利満隆　85, 86, 111
足利満直　84, 88, 89, 90, 111
足利持氏　74, 85, 86, 87, 88, 89, 90, 91, 92, 93, 111
足利基氏　74, 78, 80, 81, 82, 111
足利義詮　72, 74, 76, 78, 79, 80, 111
足利義氏　105, 111
足利義教　74, 88, 89, 90*, 91, 95*, 111
足利義久　90, 111
足利義政　75, 92, 95, 96, 111
足利義満　82, 83, 84, 111, 123, 124, 126
足利義持　83, 87, 88, 111, 124, 126
足柄山の戦　79
飛鳥井雅経　24*, 28
『吾妻鏡』　13*, 22*, 23*, 37*, 113, 121
安達景盛　45
安達時顕　67
安達宗景　61
安達盛宗　61
安達泰盛　51, 53, 56, 60, 61
阿野全成　24
阿仏尼　57, 119
安倍氏　10, 113
天野景村　52
阿弥陀三尊坐像　64
新井城　101
阿波局　24
安徳天皇　14, 22*

い

飯沼資宗　62
伊賀氏　35, 46*
伊賀氏の変　35
伊賀光宗　35
『十六夜日記』　119
石築地　56
石橋山の戦　10, 23*
泉親衡　29
伊勢長氏（北条早雲）　75, 99, 100, 101
一条実雅　35
一ノ谷の合戦　12
一幡　24, 25, 110
一遍　59, 119
『一遍上人絵伝』　59, 119
稲毛重成　22
稲村　35
稲村ヶ崎　48, 71
稲村御所　84, 111
犬懸家（上杉氏）　74, 82, 85, 112

監修

樋口州男（ひぐち　くにお）
1945年生まれ。山口県出身。早稲田大学大学院文学研究科博士課程単位取得。博士（文学）。都立高校教諭を歴任したあと、専修大学・千葉大学非常勤講師などを務める。著書に『中世の史実と伝承』（東京堂出版）、『日本中世の伝承世界』（校倉書房）、『武者の世の生と死』（新人物往来社）、ほか共著多数。

錦昭江（にしき　あきえ）
1955年生まれ。神奈川県出身。早稲田大学第一文学部日本史学専修卒業。東京学芸大学大学院修士課程修了。博士（文学）。現在、鎌倉女学院中学高等学校副校長。著書に『刀禰と中世村落』（校倉書房）、共著に『図説 鎌倉歴史散歩』（河出書房新社）、『ジュニア版日本の歴史2』（読売新聞社）ほか多数。

読んで分かる
中世鎌倉年表

監　修　樋口州男・錦昭江
発行者　伊藤玄二郎
編集・発行　かまくら春秋社
鎌倉市小町二―一四―七
電話〇四六七（二五）二八六四
印　刷　ケイアール
平成二十二年三月十五日　発行

ISBN978-4-7740-0468-6 C0021